企业高技能人才职业培训系列教材

城轨自动售检票检修工（二级）

CHENGGUIZIDONG SHOUJIANPIAO JIANXIUGONG

编审委员会

主　　任	仇朝东
委　　员	顾卫东　葛恒双　葛　玮　孙兴旺　刘汉成
执行委员	孙兴旺　瞿伟洁　李　晔　夏　莹　叶华平　李　益　杜晓红
主　　编	周晓
副 主 编	陈春根
编　　者	（按姓氏笔画排序）
	张屹峻　张嘉岭　陈春根　范海斌　周　晓　周向争　周璐川
主　　审	王子强

中国劳动社会保障出版社

图书在版编目(CIP)数据

城轨自动售检票检修工：二级/人力资源和社会保障部教材办公室等组织编写．—北京：中国劳动社会保障出版社，2016

企业高技能人才职业培训系列教材

ISBN 978-7-5167-2459-0

Ⅰ.①城… Ⅱ.①人… Ⅲ.①城市铁路-旅客运输-售票-铁路自动化系统-检修-职业培训-教材 Ⅳ.①U293.2

中国版本图书馆 CIP 数据核字(2016)第 045110 号

中国劳动社会保障出版社出版发行

(北京市惠新东街1号　邮政编码：100029)

*

三河市华骏印务包装有限公司印刷装订　　新华书店经销
787 毫米×1092 毫米　16 开本　11.75 印张　209 千字
2016 年 3 月第 1 版　　2016 年 3 月第 1 次印刷
定价：28.00 元

读者服务部电话：(010) 64929211/64921644/84626437
营销部电话：(010) 64961894
出版社网址：http://www.class.com.cn

版权专有　　侵权必究

如有印装差错，请与本社联系调换：(010) 50948191
我社将与版权执法机关配合，大力打击盗印、销售和使用盗版图书活动，敬请广大读者协助举报，经查实将给予举报者奖励。
举报电话：(010) 64954652

内容简介

本教材由人力资源和社会保障部教材办公室、中国就业培训技术指导中心上海分中心、上海市职业技能鉴定中心、上海申通地铁集团有限公司轨道交通培训中心依据城轨自动售检票检修工（二级）职业技能鉴定细目组织编写。教材从强化培养操作技能、掌握实用技术的角度出发，较好地体现了当前最新的实用知识与操作技术，对于提高从业人员基本素质，掌握城轨自动售检票检修工（二级）的核心知识与技能有直接的帮助和指导作用。

本教材以既注重理论知识的掌握，又突出操作技能的培养，实现了培训教育与职业技能鉴定考核的有效对接，形成一套完整的城轨自动售检票检修工培训体系。本教材内容共分为3章，主要包括：终端设备维护、车站系统调试、线路中央系统维护等。

本教材可作为城轨自动售检票检修工（二级）职业技能培训与鉴定考核教材，也可供本职业从业人员培训使用，全国中、高等职业技术院校相关专业师生也可以参考使用。

前言

企业技能人才是我国人才队伍的重要组成部分,是推动经济社会发展的重要力量。加强企业技能人才队伍建设,是增强企业核心竞争力、推动产业转型升级和提升企业创新能力的内在要求,是加快经济发展方式转变、促进产业结构调整的有效手段,是劳动者实现素质就业、稳定就业、体面就业的重要途径,也是深入实施人才强国战略和科教兴国战略、建设人力资源强国的重要内容。

国务院办公厅在《关于加强企业技能人才队伍建设的意见》中指出,当前和今后一个时期,企业技能人才队伍建设的主要任务是:充分发挥企业主体作用,健全企业职工培训制度,完善企业技能人才培养、评价和激励的政策措施,建设技能精湛、素质优良、结构合理的企业技能人才队伍,在企业中初步形成初级、中级、高级技能劳动者队伍梯次发展和比例结构基本合理的格局,使技能人才的规模、结构、素质更好地满足产业结构优化升级和企业发展需求。

高技能人才是企业技术工人队伍的核心骨干和优秀代表,在加快产业优化升级、推动技术创新和科技成果转化等方面具有不可替代的重要作用。为促进高技能人才培训、评价、使用、激励等各项工作的开展,上海市人力资源和社会保障局在推进企业高技能人才培训资源优化配置、完善高技能人才考核评价体系等方面做了积极的探索和尝试,积累了丰富而宝贵的经验。企业高技能人才培养的主要目标是三级(高级)、二级(技师)、一级(高级技师)等,考虑到企业高技能人才培养的实际情况,除一部分在岗培养并已达到高技能人才水平外,还有较大一批人员需要从基础技能水平培养起。为此,上海市将企业特有职业的五级(初级)、四级(中级)作为高技能人才培养的基础阶段一并列入企业高技能人才培养评价工作的总体框架内,以此进一步加大企业高技能人才培养工作力度,提高企业高技能人才培养效果,更好地实现高技能人才

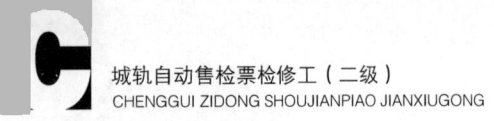

培养的总体目标。

为配合上海市企业高技能人才培养评价工作的开展，人力资源和社会保障部教材办公室、中国就业培训技术指导中心上海分中心、上海市职业技能鉴定中心联合组织有关行业和企业的专家、技术人员，共同编写了企业高技能人才职业培训系列教材。本教材是系列教材中的一种，由上海申通地铁集团有限公司轨道交通培训中心负责具体编写工作。

企业高技能人才职业培训系列教材聘请上海市相关行业和企业的专家参与教材编审工作，以"能力本位"为指导思想，以先进性、实用性、适用性为编写原则，内容涵盖该职业的职业功能、工作内容的技能要求和专业知识要求，并结合企业生产和技能人才培养的实际需求，充分反映了当前从事职业活动所需要的核心知识与技能。教材可为全国其他省、市、自治区开展企业高技能人才培养工作，以及相关职业培训和鉴定考核提供借鉴或参考。

新教材的编写是一项探索性工作，由于时间紧迫，不足之处在所难免，欢迎各使用单位及个人对教材提出宝贵意见和建议，以便教材修订时补充更正。

企业高技能人才职业培训系列教材
编审委员会

第1章 终端设备维护

1.1 检票机的维护 …… 3
知识要求
1.1.1 检票机综合故障原因分析 …… 3
1.1.2 检票机综合故障现象描述和处置 …… 5
技能要求
检票机的调试与验收 …… 7
检票机通道式天线检修与故障处置 …… 12

1.2 自动售票机与加值验票机的维护 …… 13
知识要求
1.2.1 自动售票机与加值验票机综合故障原因分析 …… 13
1.2.2 自动售票机与加值验票机综合故障现象描述和处置 …… 15
技能要求
自动售票机的调试与验收 …… 19
排除钱币处理器故障 …… 20
排除钱币找零器故障 …… 22

1.3 人工售（补）票机的维护 …… 23
知识要求
1.3.1 人工售（补）票机概述 …… 23
1.3.2 人工售（补）票机综合故障原因分析 …… 26
1.3.3 人工售（补）票机综合故障处置 …… 28
1.3.4 发卡装置综合故障原因分析 …… 31
1.3.5 发卡装置综合故障处置 …… 31
技能要求
人工售票机的调试 …… 33
人工售票机的单元检修 …… 34

1.4 分拣编码机的维护 …… 35
知识要求
1.4.1 分拣编码机综合故障原因分析 …… 35

1.4.2 分拣编码机综合故障处置 ·· 35
技能要求
分拣编码机应急票发售授权申请及发售 ·· 35
分拣编码机设备故障检测 ·· 42
思考题 ··· 52

第 2 章 车站系统调试 PAGE 53

2.1 车站设备的调试 ··· 55
知识要求
2.1.1 制定车站自动售检票系统功能测试方案 ······························ 55
2.1.2 完成车站自动售检票系统各类技术资料的归档工作 ···················· 59
2.1.3 审核车站自动售检票系统各种设备试验报告 ··························· 59
技能要求
搭接放大、整形、比较电路 ··· 64
搭接闪光电路 ·· 67
测量 UPS 电池 ··· 69
分析、编写 UPS 切换运行流程 ··· 70
设计连接两路三相输入电源切换电路 ··· 73

2.2 车站设备的验收 ··· 76
知识要求
2.2.1 车站设备安装施工质量的要求 ······································ 76
2.2.2 车站自动售检票系统验收技术的要求 ································ 79
2.2.3 联网检测车站设备性能 ·· 89
技能要求
车站计算机的调试与验收 ·· 90
SNC 的调试与验收（联网数据测试） ·· 96
SNC 系统数据库的安装 ·· 97
TEMP 表空间磁盘故障处置 ·· 109
车站计算机数据手工导入 CC 的操作 ·· 110
SOC 操作系统和应用软件的安装 ··· 111
电源系统设备配线验收检查 ·· 121

2.3 车站系统网络 ·· 123
知识要求
2.3.1 规划与优化车站网络配置参数 ····································· 123

2.3.2　配置与调整车站网络防火墙 ……………………………… 127
　　　2.3.3　车站网络故障诊断 …………………………………………… 128
技能要求
车站级三层交换机维护配置 ………………………………………………… 130
配置简单的局域网 …………………………………………………………… 131
配置防火墙 …………………………………………………………………… 131
思考题 ………………………………………………………………………… 132

第3章　线路中央系统维护　　　　　　　　　　　　　　PAGE 133

　3.1　设备的维护 …………………………………………………………… 135
知识要求
　　　3.1.1　中央系统的启动与关闭 ……………………………………… 135
　　　3.1.2　查询中央主机 IP 配置 ………………………………………… 135
　　　3.1.3　优化系统资源 ………………………………………………… 136
　　　3.1.4　监控应用程序进程 …………………………………………… 140
技能要求
FTP 上传与下载文件（Linux 服务器）……………………………………… 142
映射服务器中的共享文件夹（Windows 服务器）………………………… 143
配置线路中央三层交换机（一）…………………………………………… 143
配置线路中央三层交换机（二）…………………………………………… 143
简单恢复遭受 ARP 欺骗的局域网 ………………………………………… 144
排除工作站无法访问中央服务器的故障 …………………………………… 144
停止和重启包节点及应用 …………………………………………………… 145
恢复 Unix 文件系统 ………………………………………………………… 146
Unix root 密码的处置方法 ………………………………………………… 147
　3.2　数据的维护 …………………………………………………………… 148
知识要求
　　　3.2.1　中央数据库报表的查询 ……………………………………… 148
　　　3.2.2　数据库备份 …………………………………………………… 149
　　　3.2.3　离线数据的导入、导出 ……………………………………… 149
　　　3.2.4　自动售检票中央系统数据的查询、分析及故障排除 ……… 150
　　　3.2.5　数据库系统的安装及库结构重建 …………………………… 150
技能要求
数据库操作（一）…………………………………………………………… 151

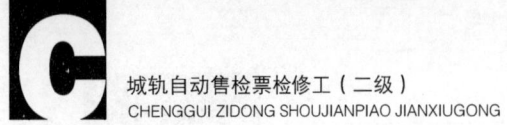

数据库操作（二） …………………………………………………… 154
数据库操作（三） …………………………………………………… 156
数据库操作（四） …………………………………………………… 158
数据库操作（五） …………………………………………………… 160
思考题 ………………………………………………………………… 163

操作技能考核模拟试卷 ………………………………………………… 164

第1章

终端设备维护

学习完本章的内容后，你能够：
- ☑ 了解终端设备的故障种类及设备提示信息。
- ☑ 熟悉终端设备故障的处置流程及措施。
- ☑ 掌握终端设备故障判断、分析的方法。
- ☑ 能够对人工售（补）票机综合故障进行分析和处理。
- ☑ 能够对人工售（补）票机综合故障提出处置方案，并进行维修。
- ☑ 能够对发卡模块的故障进行分析和处理。
- ☑ 掌握处理终端设备特殊故障的能力。

1.1 检票机的维护

知识要求

1.1.1 检票机综合故障原因分析

1. 工控机故障

(1) 早期的魁北克（CUBIC）检票机工控机的故障

1) 检票机工控机上电在执行了应用程序后，键盘无响应、程序不进入自检状态。可能出现的问题是：选择了错误型号的应用程序；工控机 BIOS 设置错误，IRQ-5 和 IRQ-10 未设置成 Legacy ISA 方式；多串口板上设置的串口中断号、串口地址和硬件跳线出现错误。

2) 应用程序无法加载（应用程序执行后，立刻退出）。可能出现的问题是：工控机加载网络驱动失败；工控机加载 NVRAM 驱动失败；执行的批命令加载应用程序名错误；加载应用程序时带入的运行参数或个数有错误。

3) 串口工作不正常（报模块通信故障）。可能出现的问题是：加载应用程序时，带入的运行波特率参数有错误；多串口板上设置的串口中断号、串口地址和硬件跳线错误；RS-232 与 RS-422 选择错误；多串口板故障。

4) 网络工作不正常（报网络通信故障）。可能出现的问题是：工控机加载网络驱动失败；工控机主板故障；网络驱动选择的中断号与其他驱动选择的中断号冲突；加载应用程序时，带入的连接 SNC 的 IP 参数有错误；设置本机网络驱动参数有错误（如本机 IP、网络注册码在本域网中冲突）。

5）磁盘错误（报出故障代码为 49）。可能出现的问题是：NVRAM 加载失败或 NVRAM 卡硬件故障；应用程序是检测到保存到 NVRAM 卡中的检票机设备的运营参数不全。

(2) 后期符合地标要求的检票机工控机的故障

1）双向检票机的进、出站乘客显示屏显示一样的内容或显示的内容颠倒。

对于 Windows XPE 系统可能出现的问题是：显示驱动设置不正确，进、出站乘客显示屏显示一样的内容，一般是未将 Windows 桌面扩展到显示器上；进、出站乘客显示屏显示的内容颠倒，一般是由主屏与扩展屏的设置错误引起。

对于 Linux 系统可能出现的问题是：显示驱动设置不正确，进、出站乘客显示屏显示的内容颠倒，sbsgui 文件设置错误。

2）串口工作不正常（报模块通信故障）。可能出现的问题是：加载应用程序时，设置（或配置文件）串口的运行波特率和串口号参数有错误；设备管理器中的端口设置有错误或与实际工控机出线端口编号不匹配；RS–232 与 RS–422 硬件跳线选择错误；被串口连接的模块故障。

3）操作系统不正常。可能出现的问题是：操作系统已损坏；非法关机使部分操作系统文件丢失；工控机受到计算机病毒的感染。

4）网络工作不正常（报网络通信故障）。可能出现的问题是：工控机主板故障；加载应用程序时设置的连接 SNC 的 IP 和 PORT 端口参数有误；设置本机网络 IP 和设备名参数有误；网线接头接触不良。

5）磁盘错误（报出故障代码为 49）。可能出现的问题是：DOM 盘是否因为振动出现 DOM 盘松动现象；DOM 存储区域损坏；应用程序检测到保存到 DOM 盘中检票机设备的运营参数不全。

2. 网络通信故障

(1) 交易数据不上传或延时上传。可能出现的问题是：检票机设备上的系统防火墙被打开，造成网络通信不正常；设备接收到的参数错误或版本不对，造成交易延时上传；设备网络接头接触不良或站厅网线过长，造成网络有丢包现象。

(2) 参数版本不对。可能出现的问题是：设备网络工作不正常；设备内部参数版本高于系统需下发的参数的版本；系统与设备在下载参数时，出现丢包或异常现象。

(3) 设备时钟不对。可能出现的问题是：设备设置的 NTP 服务不正常、配置 NTP 服务参数错误、上电未自动加载 NTP 服务；对于有些早期建设的线路中，设备未开启

UDP 时钟同步功能或配置 UDP 参数错误。

3．单程票回收单元频繁车票堵塞

对于单程票回收单元频繁车票堵塞，可能出现的问题是：车票回收装置的进票口因为长期使用而磨损，进票口缝隙过大，造成乘客投入多张车票或将储值卡投入；车票回收装置的进票口快门故障，造成车票回收装置在未完成对已投入的车票处理前，后续又有车票投入；在判断投入车票为无效票做返还处理时，车票回收装置的进票口快门故障，使车票无法退出；在判断投入车票为无效票做返还处理时，马达故障（反转失败），使车票无法退出；车票回收装置内部感应光电管连接线松动或感应光电管上有粉尘遮挡，引起误动作。车票回收装置传动带老化、脱落、断裂等，引起车票在传输机构中打滑；车票回收装置转向器故障，造成车票被卡在转向器处无法移动；车票回收装置长期使用，使传输机构两边挡板出现明显磨损，造成车票移动中容易偏移。

4．在外置读卡器上读取车票信息困难

对于在处置读卡器上读取车票信息困难，可能出现的问题是：在日常的维护工作中，读卡器使用了一段时间后，有效读写范围会变差，这种故障经常是由同轴射频电缆接触不良或天线电气特性发生偏移造成的。

1.1.2 检票机综合故障现象描述和处置

对于故障检票机，处置原则是查找故障原因，更换故障部件，尽快使检票机恢复正常工作。同时尽快修复故障部件。检票机常见设备故障现象与处置方式，见表1—1。

表1—1　　　　　　　检票机设备故障代码与处置方式

代码或故障代码	描述	分析与处理
02	车票处理器通信故障（单程票读写器通信故障）	与传输机构读写器通信故障。检查设备与读写器通信线是否脱落，关机重启
04	机器未初始化	设备上电，正在初始化
07	LV2 通信故障（与 SNC 链路层故障）	与 SNC 链路层故障。检查设备与 SNC 通信链路是否脱落，或通信板是否正常工作
08	连续通信故障（与 SNC 应用层故障）	与 SNC 应用层故障。检查设备的地址码与通道是否配置正确，可打测试码 52 进行验证，如果不正确，检查 7023 板的地址码是否设置正确

续表

代码或故障代码	描述	分析与处理
12	车票在传输机构中阻塞	车票在读写器传输机构中，或车票插入进票口一定时间后，或车票被返回但乘客长期未取走。取出该票即可解决
13	车票在回收区域中卡住	车票卡在回收机构中，取出该票即可解决
21	票箱1升降机卡住	回收机构票箱1不能使用。可能是票箱1被取出，票箱已满，票箱内回收的票发生了堆叠混乱
22	票箱2升降机卡住	回收机构票箱2不能使用。可能是票箱2被取出，票箱已满，票箱内回收的票发生了堆叠混乱
23	状态同步	接收到正确的数据
35	PIM1通信失败	与7019线路板通信故障。检查该板工作是否正常，通信线是否脱落
36	PIM2通信失败	在双向机时有效，与7019线路板通信故障。检查该板工作是否正常，通信线是否脱落
37	三杆传感器1堵塞	三杆的光电管工作不正常
49	磁盘错	NVRAM工作异常。更换该板上的NVRAM或整个板卡
55	关闭	设备被关闭
56	进（出）车站免检	设备被设置成进（出）车站免检模式
57	日期（时间）免检	设备被设置成日期（时间）免检模式
58	测试模式	设备被设置成测试模式
61	票箱1将满	票箱1内的票将满，更换票箱或取出车票
62	紧急开	设备被设置成紧急模式
64	障碍杆卡住	三杆的光电管工作不正常
65	票箱1被取出	票箱1未装好
66	票箱1满	票箱1内的票满，更换票箱或取出车票
67	营运结束	营运时间结束，设备被强行关闭
71	开机	设备处于正常工作状态
72	使用黑名单上的票	有人使用了黑名单票
74	票箱2被取出	票箱2未装好

续表

代码或故障代码	描述	分析与处理
75	票箱2满	票箱2内的票满,更换票箱或取出车票
77	门被打开	设备的边门被打开
79	票箱2将满	票箱2内的票将满,更换票箱或取出车票
86	转向器失效	传输机芯返还与回收转向器动作不正常。调整机械结构
95	欠费免检	设备被设置成超乘模式
97	列车故障模式	设备被设置成列车故障模式
99	连续的CSC验证错误(双向机进门读写器)	双向机有效,与进站读写器通信故障。检查设备与读写器通信线是否脱落
100	CSC通信错误(一卡通读写器)	与一卡通读写器通信故障。检查设备与读写器通信线是否脱落

技能要求

检票机的调试与验收

检票机调试分为上电、模块调试、整机调试和联网调试4部分。其中,第1部分需要在上电前,拔去所有模块的电源插头,在测量输入电压正确后,再逐个插上模块电源。第2部分的调试完全可以依靠应用程序自带的程序来实现,通过拨打测试码,测试设备各个模块的功能。第3、4部分则通过"走票"、与站台控制计算机通信测试为主。

操作准备

1. 开启检票机设备维护门钥匙1把。
2. 键盘1个(对于早期的魁北克检票机,键盘接口为PS2,其他为USB接口)。
3. USB键盘1个。
4. 对于早期的魁北克检票机还需准备VGA显示屏1台。

操作步骤

步骤1 技术标书

1. 了解技术标书对设备外观的要求。

2. 了解技术标书对结构的要求。

3. 了解技术标书对性能的要求。

4. 了解技术标书对功能的要求

步骤2 制定调试、检测方案

1. 设备调试、检测的人员组织方案。

2. 设备调试、检测物品准备方案。

3. 设备调试、检测表格,包括内容和标准。

步骤3 调试、检测

1. 设备外观检查

了解技术标书对设备外观的要求,检查检票机外观,观察检票机设备外形是否有明显的凹痕、划伤、裂缝、变形和污染;整机上的门、盖板等可开启部件与整机的间隙均匀,且≤2 mm;门、盖的开启灵活,无阻滞、关不上、翘曲等现象;设备的标志或铭牌应清晰,标出制造单位名称、商标、产品型号、出厂日期,而且机器编号符合技术标书的要求。

2. 设备内部检查

了解技术标书对结构的要求,检查内部金属件表面涂镀层应均匀,不应起泡、龟裂、脱落和磨损;部件线缆有统一色标和标号,内部连线有双头标号;交流电源接线端子要加防护装置和明显的警告标志;内部模块及部件应紧固无松动,部件设计和布线结构应便于维护。

3. 上电设置配置参数

打开设备电源,自动检票机上电后自动运行,设备的应用软件会实时检测设备内部模块(部件)的工作状况。当检测到设备内部模块(部件)发生故障的情况下,在自动检票机设备的乘客显示屏上,会显示相关的故障代码。

根据测试平台上的车站控制计算机上的参数(车站控制计算机上的1040车站配置参数),正确设置需联网测试的检票机的本机网络IP和设备名参数、设置需连接的SNC IP和PORT端口参数;根据NTP服务器的IP,设置设备中NTP的IP值。

4. 设备模块测试

检票机设备模块简易测试表见表1—2,按该表测试设备模块功能。依靠应用程序自带的程序,通过拨打测试码,测试设备各个模块的功能。

表1—2　　　　　　　　　　检票机设备模块简易测试表

代码	测试内容	代码	测试内容
11	升降机#1 向上	24	LCD 测试
12	升降机#1 向下	25	传输马达测试
13	升降机#2 向上	29	三杆传感器
14	升降机#1 向下	32	免费模式
15	正面信号灯亮	33	紧急模式
16	告警灯 ON	41	显示时间（日期）
17	告警声 ON	50	车票审核寄存器
18	传输转向器 ON	51	显示票箱寄存器
19	回收车票转向器 ON	52	显示设备标志编号
21	回收车票传感器显示	53	显示参数 ID
22	传输机构传感器显示	66	设置关闭模式
23	门传感器	67	设置设备模式（双向机有效）

将两张票卡交替放在能正常运行的自动检票机读卡器天线上端（卡片依次放置在0 cm、3 cm、5 cm、6 cm 处），观察乘客显示屏显示设备对该票卡的处理结果。确保读卡器在0~10 cm，对各种类型的票卡能正常进行读写。

5. 测试网络通信

连接好检票机网线，选择"开始"→"运行"，键入"cmd"，然后键入"ping – t – l 2000 172.12.12.1"（IP 一般为 SNC IP、"– l 2000"表示带2 000 字节的数据包）。

启动检票机应用程序，如果检票机与测试平台上的车站控制计算机网络通信正常，检票机将不会报 LV2 通信故障（07 或 08）码。否则，检查检票机网络与配置是否正确。

6. 联网测试

（1）下载参数。在测试平台上的车站控制计算机上，按下发参数同步按钮（当前版本查询界面），等待命令执行完毕后，按下动查询按钮，进行参数版本的查询。正常情况下，检票机设备将同步测试平台上的车站控制计算机的参数。如果检票机上传的版本号与车站控制计算机上的版本号不同时，车站控制计算机当前版本查询菜单会显示红色。

（2）命令控制。在测试平台操作车站控制计算机，将运营类参数（3000 命令）下发至检票机。对检票机设备进行关闭（打开）的操作、上传寄存器数据的操作；对双向检票机下达的设置为进站模式、出站模式和双向进出模式的命令时，检票机会自动做出相应的动作或应答。

（3）设备状态、事件的上传。检票机在设备状态发生变化时，能立刻自动上传设备工作状态。当检票机出现故障或故障恢复后，能立刻自动上传设备故障信息。同时，检票机会根据车站控制计算机下达的 AFC 设备运行参数（3002）中规定的设备状态定时上传时间间隔和设备工作状态。在车站控制计算机上设备状态显示界面会有显示。

7."走票"测试

检票机设备整机简易功能测试表见表1—3，按该表对各种票卡进行功能测试。在"走票"测试中，检票机上传的交易数据和寄存器数据与实际测试刷卡数据情况应保持一致。

表1—3　　　　　　检票机设备整机简易功能测试表

序号	测试内容	序号	测试内容
1	PBOC 卡正常进站	16	上传交易数据
2	PBOC 卡正常出站	17	索取交易
3	PBOC 员工卡正常进站	18	查询软件版本
4	PBOC 员工卡正常出站	19	查询设备最新交易流水号
5	PBOC 员工储值卡正常进站	20	特种（敬老）车票时段内使用
6	PBOC 员工储值卡正常出站	21	特种（敬老）车票时段外使用
7	单程票正常进站	22	计时计次票使用
8	单程票正常出站	23	员工票使用
9	交通卡正常进站	24	应急票使用
10	交通卡正常出站	25	往返票使用
11	2.4G 手机正常进站	26	超时车票使用
12	2.4G 手机正常出站	27	欠费车票使用
13	接收车站控制计算机参数	28	进出站次序出错车票使用
14	接收 SC 下达的命令	29	储值卡出站换乘功能
15	上传寄存器数据	30	…

在车站控制计算机上，可将一张测试票打入黑名单并下发至检票机中，观察检票机对该张车票的处理情况。

8．核对测试参数

（1）交易上传。检票机能根据车站控制计算机下达的 AFC 设备运行参数（3002）中规定的提交交易数据笔数下限和提交交易数据时间上限，自动上传交易数据。另外，检票机还能根据车站控制计算机下达的索取一票通（交通卡）交易数据（6004）命令，重新上传一票通交易数据和交通卡交易数据。

（2）寄存器数据的上传。检票机能根据车站控制计算机下达的 AFC 设备运行参数（3002）中规定的维护寄存器数据的报告间隔时间变更表和审计寄存器数据的报告间隔时间变更表，自动定时上传维护寄存器数据和审计寄存器数据。正常情况下，维护寄存器数据与实际投入的回收单程票相同，审计寄存器数据与检票机上传的详细交易数据相同。

（3）离线模式。检票机在与车站控制计算机系统网络中断的情况下，检票机除不能与车站控制计算机交换数据，同时车站控制计算机也不能监控到该自动检票机的状态外，自动检票机其他功能均能正常执行。检票机进入单机独立运行状态，又称离线模式。这时检票机设备能存放至少 5 万条或不少于 7 天的交易记录。当网络恢复正常后，保存在本机中未发送过的交易记录，可自动补送到车站控制计算机上。

9．设备安全测试

必要时，还可以对部分终端设备进行安全测试，测试内容包括对地漏电流、接地电阻和抗电强度。

步骤 4 检测报告

对以上内容进行检测，写出检测报告。

注意事项

1．插拔工控机上的任何接插件时，必须先关闭工控机电源。

2．不同的设备厂家配置的工控机，虽然外形可能会一样，但工控机的输入电源有可能会不一样。

3．在对早期的魁北克检票机工控机中的 NVRAM 卡进行写操作时，必须先进行去写保护操作。

4．由于早期的魁北克检票机工控机中，NVRAM 卡有 A，B 两种版本，在加载驱动时，必须选择正确的驱动程序，否则会导致保存在 NVRAM 卡上的数据丢失。

5．在设置 Windows 系统的参数（如本地 IP）前，必须先关闭 EWF 功能。

6．在设置完成 DOS 系统的参数（如本地 IP）后，必须重启系统使新参数生效。

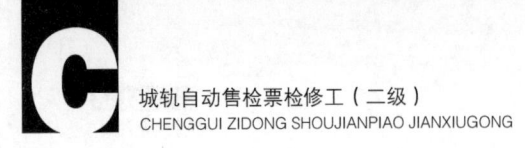

检票机通道式天线检修与故障处置

安装在检票机上的读卡器主要用于读写乘客票卡中的信息。因此，确保读卡器能在 0～10 cm 内对各种类型的票卡正常进行读写，为乘客提供良好的刷卡体验。

因为读卡器天线的工作状态经常会受到环境的影响，在日常设备使用了一段时间后，必须定期进行例行测试和调整，使读写器的性能达到良好的水平。否则乘客在刷卡时，可能会出现令人讨厌的"扫描移动"情况，甚至乘客在刷卡时会频繁出现车票读写差错现象，造成不必要的运营纠纷，造成服务质量的下降。

操作准备

1. 尺子 1 把。
2. 单程票 2 张。
3. 交通卡 2 张。
4. 中号"十"字旋具 1 把。
5. 专用塑料材质调节小旋具 1 把。

操作步骤

步骤 1　准备工作

为确保乘客有一个良好的使用环境，对读卡器天线表面进行清洁。

步骤 2　排除故障

确保灯光提示的正确性和有效性，观察读卡器天线上的灯光提示是否出现不亮或断续显示。如果灯光提示出现明显断续显示或不亮，建议直接更换一个新的读卡器天线。拆装读卡器时，虽然各厂家读卡器的主机和天线的尺寸会有所不同，但在安装方式上还是基本一致的。维护人员只需用旋具拆装固定读卡器天线安装盘上的螺钉后，即可很方便地取装读卡器天线。

观察读卡器天线上的贴面是否完整，如果出现明显破损，建议直接更换一个新的读卡器天线。

步骤 3　天线盘读卡范围

为了给乘客提供良好的刷卡体验，对读卡器的基本性能必须进行例行测试，确保读卡器在 0～10 cm 内（一般现场要求为 0～7 cm）对各种类型的票卡能正常进行读写。如果读卡器在 0～7 cm 内存在明显读卡盲区时，可以试着先"更换"一根同轴射频电缆，看能否明显有改善；调整一下天线盘后面的调整电容，看能否明显有改善；更换一个新的读卡器主机，看能否明显有改善；更换一个新的天线盘，看能否明显有改善。直至读写器对各种类型车票的读写性能全部达到要求。

如果读卡器频繁死机时，建议直接更换一个新的读卡器主机（可能是由内部Flash故障引起）。

步骤4 设备恢复

在更换读卡器主机时，必须先关闭设备或拔下读卡器主机电源。不要在读卡器有电的情况下，插拔读卡器内主机上的SAM卡。

步骤5 检测报告

对以上内容进行检测，写出检测报告。

注意事项

1. 调整天线盘中的可调电容时，必须使用专用塑料材质调节小旋具，因为金属旋具调节时有分布电容，会影响可调电容精度，造成频率偏差。调节可调电容时要轻轻地转动塑料材质小旋具。

2. 由于运营环境下，设备中读卡器中的SAM卡号与设备号采用了绑定方式，因此在维修读卡器时，不要将本设备的SAM卡放到其他设备上，或将别处的SAM卡放到本设备上使用。

1.2　自动售票机与加值验票机的维护

知识要求

1.2.1　自动售票机与加值验票机综合故障原因分析

1. 自动售票机综合故障原因分析

自动售票机（TVM）常见代码或故障代码见表1—4，这些故障产生的原因包括车票处理单元未到位、纸币识别器未到位、硬币处理单元未到位、纸币找零器未到位、自动售票机进入维护模式、纸币钱箱满、纸币钱箱将满、纸币钱箱未到位、纸币识别器通信错误、纸币识别器故障、缺少驱动程序、运行状态显示器通信错误、外电中断、发生灰色交易、纸币找零器通信错误、纸币找零器故障、纸币找零钱箱空、纸币找零钱箱将空、运营参数错误、通信端口配置错误、1#供票箱空、2#供票箱空、1#供票箱将空、2#供票箱将空、1#供票箱未到位、2#供票箱未到位、单程票读写器通信错误、单程票读写器故障、储值票读写器通信错误、储值票读写器故障、打印机故障、打印机不存在、硬币处理单元通信错误、硬币识别器故障、1#硬币暂存器故障、2#硬币暂存器故障、1#专用硬币找零箱空、2#专用硬币找零箱空、1#专用硬币找零箱将空、2#专用硬币找零箱将空、硬币钱箱满、硬币钱箱将满、硬币钱箱未到位、电池电压低、CHU门打开、1#硬币循环找零器故障、2#硬币循环找零器故障、1#专用硬币找零器故障、2#专用硬币找零器故障、硬币通道转向器故障、硬币箱门打开、硬币箱未锁或箱内硬币到达限位、1#加币箱盖板故障、2#加币箱盖板故障、硬币钱箱无效、1#专用硬币找零器被取走、2#专用硬币找零器被取走、纸币找零箱被取走、正在下载软件、IO控制板通信错误。

表1—4　　　　　　自动售票机（TVM）常见代码或故障代码

代码或故障代码	名称和现象	代码或故障代码	名称和现象
0	TVM正常	43	PC硬件故障
2	车票处理器通信故障	49	磁盘错误
3	时钟错误	55	关闭模式
4	未初始化	58	测试模式
7	与SC通信故障	59	登录
11	供票处车票堵塞	60	连续编码验证错
12	传输通道车票堵塞	62	紧急模式
15	非法入侵	69	硬币钱箱将满
27	供给票箱无车票	70	供给票箱车票少
29	维护面板不存在	71	开机
32	不正确的车票类型	72	使用黑名单上的票
33	审计寄存器失效	76	无找零模式
34	废票箱满	77	门被打开
41	分币器硬币堵塞	78	门被钥匙打开
42	打印机缺纸	103	编码验证错误

2．加值验票机综合故障原因分析

（1）纸币处理器通信中断，故障编码21。

故障原因：串口接错、纸币处理器电源插头连接不紧密、串口本身故障、三芯电源插头本身故障。

（2）已识别出的纸币不能被放入纸币钱箱中，使纸币处理器死机，前面板灯常亮（红色），重新初始化也不能解决，此错误极少见。

故障原因：乘客在投入纸币后，在极短的时间内（1.5 s）按"取消"键取消交易，使被识别的纸币没有完全进入识别机构的暂存器内，纸币处理器停止工作。

（3）纸币处理器无法启动。

故障原因：纸币处理器服务程序没有被运行起来，或钱箱不在位，或其他不确定的系统错误。

1.2.2 自动售票机与加值验票机综合故障现象描述和处置

1. 自动售票机综合故障现象描述和处置

自动售票机常规故障现象描述和处置方法见表 1—5。

表 1—5　　　　　　　自动售票机常规故障现象描述和处置方法

故障码	描述	处置方法
03	时钟错误	1. 检查 SC 时钟是否一致 2. 断开 SC 通信 3. 将本机时钟调整到位
04	机器没有初始化	1. 检查机器通信是否正常 2. 检查设备 IP 地址与本机是否一致 3. 检查设备参数配置与 SC 是否一致
06	硬币阻塞	1. 硬币处理器是否有外来物品或灰尘 2. 进币口或分币管道是否堵塞或变形 3. 更换硬币处理器
07	和 SC 无通信	1. 检查电缆是否损坏 2. 检查电缆接口是否接触不良 3. 检查通信板是否正常工作 4. 检查设备与交换机连接是否正常 5. 更换通信板或交换机
10	寄存器 25 错误	1. 操作问题：非法清除硬币处理器硬币储存管，误操作寄存器代码"4—25"，造成硬币储存管硬币数量和寄存器数据不一致 2. 更换硬币处理器

续表

故障码	描述	处置方法
11	供票机构堵塞	1. 检查车票间隙是否过小或过大 2. 检查车票是否脏、粘和有物理损伤 3. 检查供给器的传动带和滚轮 4. 调换供票机构切换装置是否堵塞 5. 更换控制接口板
12	车票传输堵塞	1. 检查传输装置的传动带情况 2. 检查车票是否脏、粘和有物理损伤 3. 检查传输机构传感器 4. 清洁车票传输带 5. 检查马达速度 6. 检查控制接口板驱动电动机、传感器连接是否松动 7. 更换控制接口板或传感器 8. 更换传输机构
15	安全装置损坏	1. 检查 TVM 门开关和锁的连接，更换门开关 2. 检查库门开关和锁的连接，更换库门开关 3. 检查硬币处理器、纸币找零、纸币识别模块是否安装到位，更换开关 4. 检查控制板接插件是否完好 5. 更换控制接口板
26	钱箱现金放满	1. 更换钱箱 2. 检查传感器是否正常 3. 更换传感器
27	供票箱空	1. 供票箱加满车票 2. 检查传感器是否正常 3. 更换传感器
28	硬币处理器通信失败	1. 检查硬币处理器是否正常安装，接插件是否完好，参数设置是否正确，必要时更换硬币处理器 2. 检查线路板及接插头，更换线路板
29	维护面板故障	1. 检查维护面板电缆连接是否完好 2. 检查与工控机串口连接是否松动 3. 更换维护面板

续表

故障码	描述	处置方法
30	钱箱移去	装入钱箱,并正确输入钱箱序列号
31	购票选择按钮短路	1. 检查购票按钮开关的物理位置 2. 检查退币按钮开关的物理位置 3. 更换购票按钮
32	无效车票类型	1. 分析供票箱车票类型 2. 更换读卡器
33	审核寄存器失败	1. 记录寄存器读数,将 TVM 电源关闭 5 min 再打开,看寄存器是否有变化 2. 更换硬盘
34	废票箱满	1. 检查和清洁废票箱传感器 2. 检查控制接口板接插件,必要时更换连接电缆及 7019 线路板
35	PIM1 通信故障	1. 检查控制接口板插件,必要时更换连接电缆及控制接口板 2. 检查控制接口板与工控机插件情况,必要时更换工控机
41	硬币分离器故障	1. 检查硬币分离器情况,必要时更换 2. 检查硬币分离器电缆连接是否完好,必要时更换
44	硬币处理器没有正确安装	1. 检查机械锁定装置 2. 检查硬币处理器位置是否正确,开关及电缆线是否完好 3. 检查控制接口板接插件情况
46	钱箱库门打开	1. 检查操作错误或者安全被入侵 2. 检查库门开关是否完好 3. 检查控制接口板插座情况
47	钱箱库门没锁	1. 检查操作错误或者安全被入侵 2. 检查库门开关是否完好 3. 检查控制接口板插座情况
48	钱箱库门钥匙打开	1. 检查操作错误或者安全被入侵 2. 检查库门开关是否完好 3. 检查控制接口板插座情况
55	关	按 MP "66" 回车
58	测试模式	需要时运用
69	钱箱几乎满	更换钱箱

续表

故障码	描述	处置方法
70	车票不足	供票箱车票加满
77	门开	1. 检查门开关 2. 检查控制接口板插座
78	门未锁住	1. 检查门锁开关 2. 检查控制接口板插座
82	暂无找零	用5角硬币购买2张3元车票
103	连续编码与审核错误	1. 检查读卡器连接是否松动 2. 检查传动带、滚轮传动是否正常 3. 检查电动机速度 4. 检查控制接口板连接是否正常 5. 更换读卡器

2. 加值验票机综合故障现象描述和处置

加值验票机在充值时需要事先得到交通卡公司的授权,一次授权额度是充值2万元,通常加值验票机会在额度剩余500元左右时就开始申请新的授权,授权失败通常是通信故障导致授权信息无法上传,主要原因是:工控机长时间工作串口接插件表面氧化,出现串口故障,造成某一模块通信故障。另外,纸币处理器也经常出现故障。

(1) 纸币处理器通信中断故障处置

现象描述:纸币处理器与工控机通信中断,造成系统停滞,硬件不能恢复,必须人工干预。

维修方法:检查纸币处理器串口是否插在工控机串口1上,如插错串口则改正;重新插电源接头,旋紧插头两边的螺钉。

维修后测试:使用纸币处理器测试程序,如果纸币处理器可以成功初始化,则维修成功。

(2) 纸币处理器死机故障处置

现象描述:纸币处理器死机。由于纸币识别器长期在室外环境下工作,造成传感器污损,系统报错:纸币堵塞或纸币识别器故障。

维修方法:退出程序,打开维护门,将纸币钱箱从滑轨中抽出,然后人工将纸币识别头下方带轮处的纸币取出,或者打开纸币识别头的上盖将带轮处的纸币取出,同时用"吹气球"的方法对纸币识别器传感器部位大力吹气，并用毛刷加以清理。然后放回钱箱，关闭维护门，重新启动程序，重新对纸币处理器初始化。

（3）纸币处理器无法启动故障处置

现象描述：纸币处理器无法启动。一般来说，是由于钱箱的压箱板不能回位造成的（也有钱箱内胆铁壳断裂造成压箱板不能回位，解决此问题需整体更换纸币识别器）。

维修方法：打开处理器，先检查钱箱是否在位，或者是否将钱箱锁止在滑轨上（没锁住的钱箱灯应是绿色的），如确是钱箱不在位，则转动白色齿轮到适当位置，将钱箱锁止在识别头下方滑轨上（此时钱箱灯应是红色的）。

技能要求

自动售票机的调试与验收

操作准备

1. 待调试的自动售票机 1 台。
2. 常用工具 1 套。

操作步骤

步骤 1　技术标书

1. 了解技术标书对设备外观和结构的要求。
2. 了解技术标书对性能和功能的要求。

步骤 2　制定调试、检测方案

1. 制定设备调试、检测的人员组织方案，制定设备调试、检测的物品准备方案。
2. 制定设备调试、检测表格，包括内容和标准。

步骤 3　调试、检测

1. 设备外观、结构检测。根据技术标书检验外观和线路设计是否符合标准，在结构上是否存在部件缺损、部件是否牢固、部件设计和布线是否便于维修和操作。
2. 设备性能检测。设备性能包括：电源性能、车票处理速度性能；纸币模块性能，即识别速度、识别率、容量；硬币模块性能，即识别速度、识别率、容量；维护面板性能、触摸屏性能。
3. 设备功能检测。设备功能包括：纸币购票、找零功能；硬币购票、找零功能；票箱切换功能、运营模式切换功能、部件诊断功能、设备故障检测功能、数据查询功能。

步骤4 检测报告

对以上内容进行检测，写出检测报告。

注意事项

1. 所有操作要求符合规程，操作应采取正确的步骤、方法。
2. 严禁违规操作以防止造成设备、人员损伤。
3. 操作完毕后，设备工具应复位，并做好清洁工作。

排除钱币处理器故障

操作准备

1. 正常使用的自动售票机1台。
2. 硬币处理器1台。
3. 纸币处理器1台。
4. 硬币处理器和纸币处理器测试平台1套。
5. 常用工具1套。

操作步骤

步骤1 检查硬币处理器模块（搭建硬币处理器测试平台）

1. 硬币处理器测试平台电源的选择。
2. 测试模式选择（按MENU键选择）。

（1）按↑、↓选择模式DUAL POLARITY（共有11种模式）。

（2）显示DUAL POLARITY时，按OK键。

（3）按↑、↓选择12 V电压（共有12 V、24 V两种）。

（4）显示"Voltage = 12 V"时，按OK键。

（5）按↑、↓选择模式"Polarity = OPCOM –"（有"＋"和"－"两种模式）。

（6）显示"Polarity = OPCOM –"时，按OK键。

（7）完成选择后关闭测试平台电源。

步骤2 测试硬币处理器（MEI 9524硬币处理器）

1. 测试平台连接电缆线插入硬币识别器。
2. 打开测试平台电源。
3. 按"选择模式"方式，把测试平台调至9524硬币处理器使用模式。

4. 按"电源"键（测试平台正面），此时硬币识别器上电源灯亮。

5. 投入5角、1元硬币，各10枚，来判断故障（不识硬币或不识个别硬币）。

6. 使用编程器灌输程序。

7. 重复第3~5步的操作，再次测试硬币识别器。

8. 关闭硬币处理器电源（测试平台正面）。

9. 拔下连接硬币处理器识别器上的电源线。

10. 将硬币处理器安装在TVM设备上进行售票测试。确认故障已排除，验证硬币处理器能正常使用。

步骤3 检查纸币处理器模块

1. 搭建纸币处理器测试平台。

2. 纸币测试模式选择。

3. 排除纸币处理器故障。

（1）故障判断

1）连接纸币识别器与计算机测试平台信号线及电源线。

2）测试纸币识别器时，计算机显示屏跳出Ha故障。

（2）更换故障部件（绿色1号LED）

1）关闭纸币识别器电源，拔下电源线及信号连接线。

2）打开纸币识别器上盖紧固螺钉（2只），取出上盖。

3）打开左、右侧面两块盖板。

4）向后拉动拉杆，将纸币识别器上部向后侧翻。

5）拔出纸币识别器接触头部的扁线。

6）两手卡住黑色护板槽并用力拔起及取下。

7）拔出光学识别头的宽扁线。

8）拔出传感器的插头。

9）用一字旋具拖动左边的支撑杆在限位范围内反向旋转。

10）用手轻轻拔出光学传感器。

11）更换新的传感器并正确安装，轻轻推入插槽到位。

（3）恢复纸币处理器模块

1）用一字旋具向右旋动右边的支撑杆（在限位范围内右边旋动1）。

2）插入传感器插座。

3）插入扁线。

4）盖上黑色护板，安装到位。

5）插入头部扁线，并将扁线安装到位。

6）安装左、右盖板并用紧固螺钉固定。

7）机器上部轻轻放下拉动拉杆，使上部恢复原位。

8）盖上上盖，将紧固螺钉旋紧。

9）连接纸币识别器与计算机测试平台信号线及电源线。

10）测试后确认故障排除。

步骤4 检查纸币模块性能

将纸币处理器安装在TVM设备上进行售票测试，测试纸币识别速度、纸币识别率和纸币容量。确认故障已排除，验证纸币处理器能正常运转使用。

步骤5 检测报告

对以上内容进行检测，写出检测报告。

注意事项

1. 所有操作要求符合规程，操作应采取正确的步骤、方法。
2. 严禁违规操作，以防止造成设备、人员损伤。
3. 操作完毕后，设备工具应复位，并做好清洁工作。

排除钱币找零器故障

操作准备

1. 能正常使用的自动售票机1台。
2. 硬币找零器1台。
3. 纸币找零器1台。
4. 硬币找零器和纸币找零器测试平台1套。
5. 常用工具1套。

操作步骤

步骤1 准备工作

1. 在计算机测试平台与纸币找零器间正确连接线缆。

（1）连接信号线。

（2）连接电源线（注意：电源连接线缆端口方向为2芯在上、4芯在下。如果错误，不允许上电）。

2. 合上外接电源开关。

步骤2 判断故障

1. 检查 4 只指示灯工作状态。

2. 找出故障点并排除（故障点在图 1—1 所示的点位）。

3. 部件复位并恢复原状。

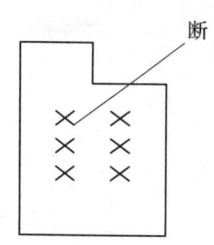

图 1—1　故障点位置

步骤3 恢复设备

1. 进行指示灯的检测并确认故障已排除。

2. 在测试平台上进行 10 张纸币的发送。

3. 电源线和信号线正确拔下。

（1）关闭外接电源开关。

（2）拔去电源线线缆。

（3）拔去信号线线缆。

4. 在 TVM 中安装纸币和硬币找零器，确认故障已排除，设备正常运转。

步骤4 检测报告

对以上内容进行检测，写出检测报告。

注意事项

1. 所有操作要求符合规程，操作应采取正确的步骤、方法。

2. 严禁违规操作，以防止造成设备、人员损伤。

3. 操作完毕后，设备工具应复位，并做好清洁工作。

1.3　人工售（补）票机的维护

知识要求

1.3.1　人工售（补）票机概述

人工售票机又称人工补票机，俗称 BOM（Booking Office Machine）或 EFO（Excess Fare Office Machine）。BOM 的组成如图 1—2 所示，BOM 又称为半自动售（补）票机或票房售（补）票机，是地铁车站工作人员针对乘客的票务问题进行人工处理的车站票务终端设备之一。

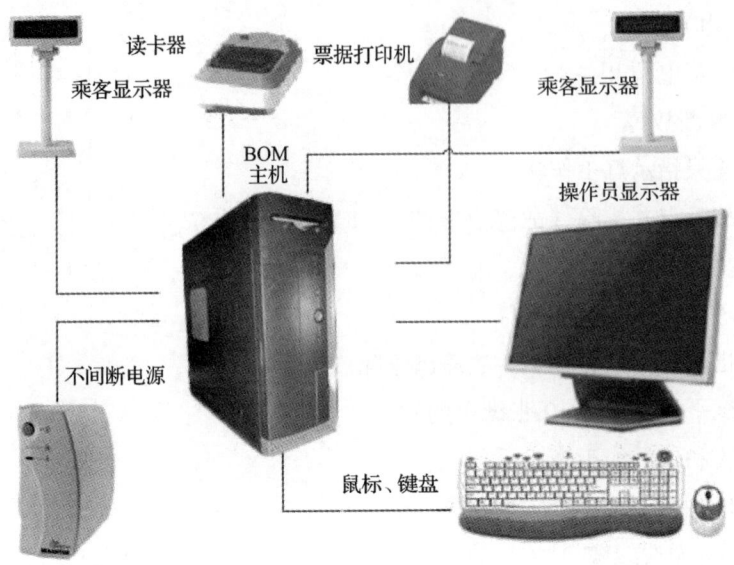

图 1—2　BOM 的组成

BOM 外接设备的主要接口类型见表 1—6。

表 1—6　　　　　　　　BOM 外接设备的主要接口类型

接口类型	外接设备
RS-232 串口	读卡器、乘客显示器、不间断电源、打印机（由于打印机采购批次的不同，有些批次打印机使用打印机并口）
VGA、DVI	操作员显示器、乘客显示器
USB、PS2	鼠标、键盘
LAN	以太网端口

BOM 主控单元（BOM 主机）背板接口如图 1—3 所示。

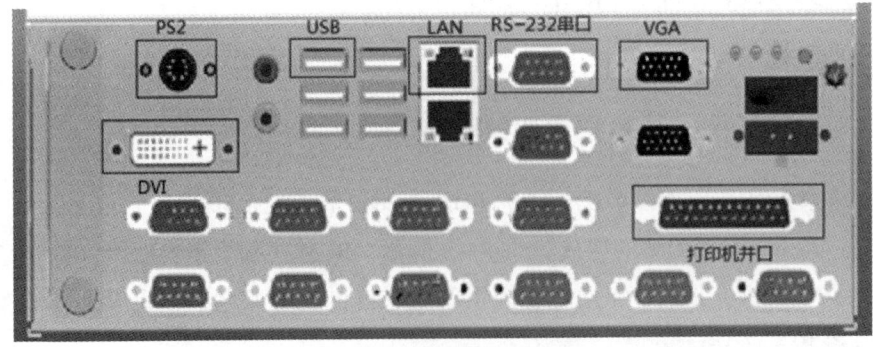

图 1—3　BOM 主控单元背板

1. 基本能力要求

维修人员在对 BOM 设备进行二级维修前,应当具备三级和四级维修处理能力,同时应接受过机械原理、电子电路、计算机软件的相关培训。除此之外,还需要了解电动机和传动设备的原理或控制方法、光电管传感器的相关原理,对非接触 IC 车票基本原理有深入的了解,并且熟悉计算机原理、接口和操作系统。

2. 光电传感器

光电传感器基本原理是:通过把光强度的变化转换成电信号的变化来实现控制。

一般情况下,光电传感器由三部分构成,即发送器、接收器和检测电路。

发送器对准目标发射光束,发射的光束一般来源于半导体发光源,如发光二极管(LED)、激光二极管及红外发射二极管等。光束不间断地发射,或者改变脉冲宽度。接收器由光电二极管、光电三极管、光电池组成。在接收器的前面,装有光学元件如透镜和光圈等。在接收器的后面是检测电路,能滤出有效信号并应用该信号的变化来实现控制。

常见的光电传感器有两种类型,即槽形光电传感器和对射形光电传感器。

(1) 槽形光电传感器。把一个光发射器和一个接收器面对面地装在一个槽的两侧组成槽形光电传感器。发光器能发出红外线或可见光,在无阻碍情况下,光接收器能接收到光。当被检测物体从槽中通过时,光被遮挡,光电开关便动作,输出一个开关控制信号,切断或接通负载电流,从而完成一次控制动作。因为受整体结构的限制,槽形开关的检测距离一般只有几厘米。

(2) 对射形光电传感器。若把发光器和收光器分离开,就可使检测距离加大,一个发光器和一个收光器组成对射分离式光电开关,简称对射式光电开关。对射式光电开关的检测距离可达几米至几十米。使用对射式光电开关时,把发光器和收光器分别装在检测物通过路径的两侧,检测物通过时阻挡光路,收光器就动作输出一个开关控制信号。

3. 步进电动机

步进电动机是将电脉冲信号转变为角位移或线位移的开环控制步进电动机元件。在非超载的情况下,电动机的转速、停止的位置只取决于脉冲信号的频率和脉冲数,而不受负载变化的影响。当步进驱动器接收到一个脉冲信号时,将驱动步进电动机按设定的方向转动一个固定的角度,称为步距角,步进电动机的旋转是以固定的角度一步一步运行的。可以通过控制脉冲个数来控制角位移量,从而达到准确定位的目的;同时可以通过控制脉冲频率来控制电动机转动的速度和加速度,从而达到调速的目的。

通常电动机的转子为永磁体,当电流流过定子绕组时,定子绕组产生一矢量磁场。该磁场会带动转子旋转一个角度,使转子的一对磁场方向与定子的磁场方向一致。当定子的矢量磁场旋转一个角度时,转子也随着该磁场旋转一个角度。每输入一个电脉冲,电动机转动一个角度前进一步。它输出的角位移与输入的脉冲数成正比,转速与脉冲频率成正比。改变绕组通电的顺序,电动机就会反转。所以,可通过控制脉冲数量、频率及电动机各相绕组的通电顺序来控制步进电动机的转动。

4. 非接触性IC卡

非接触性IC卡与读卡器之间通过无线电波来完成读写操作,两者之间的通信频率为13.56 MHz。非接触性IC卡本身是无源卡,当读写器对卡进行读写操作时,读写器发出的信号由两部分叠加组成:一部分是电源信号,该信号由卡接收后,与本身的L/C产生一个瞬间能量来供给芯片工作;另一部分则是指令和数据信号,指挥芯片完成数据的读取、修改、储存等,并返回信号给读写器,完成一次读写操作。读写器则一般由单片机、专用智能模块和天线组成,并配有与PC机的通信接口、打印口、I/O口等,以便应用于不同的领域。

当前ISO组织正在确定两个主要的非接触卡标准,一个是飞利浦、西门子公司提出的TYPEA,一个是摩托罗拉、意法半导体公司提出的TYPEB。

(1) TYPEA。目前最广泛使用的Mifare技术即符合TYPEA标准,它与TYPEB的区别主要在于卡与读写器的通信调制方式。简单说,当表示信息1时,信号会有0.2~0.3 μs 的间隙;当表示信息0时,信号可能有间隙也可能没有,这与前后的信息有关。这种方式的优点是信息区别明显,受干扰的机会少,反应速度快,不容易误操作;缺点是在需要持续不断地提高能量到非接触卡时,能量有可能会出现波动。

(2) TYPEB。TYPEB卡与读写器通信采用的是一种10% ASK的调制方式。即信息1和信息0的区别在于:信息1的信号幅度大,即信号强;信息0的信号幅度小,即信号弱。这种方式的优点是持续不断的信号传递,不会出现能量波动的情况;缺点是信息区别不明显,相对来说易受外界干扰,会有误信号出现,当然也可以采用检验的方式来弥补。

1.3.2 人工售(补)票机综合故障原因分析

1. BOM的故障分析诊断方法

BOM的故障分析诊断方法有多种,包括故障树分析法、自诊断法、最小系统法等。

具体诊断时需要按一定的程序完成，主要有如下几种：

（1）先机后电。由于机械结构的直观性，可以用肉眼看到明显的故障现象，如断裂、变形、打滑、卡死等，所以先从机械部分入手，检查机械部分故障。一般来说，由于机械的工作特点，它是执行元件及驱动元件，更容易产生磨损引起变形而发生失效。

（2）先外后内。由执行元件到控制元件到驱动元件逐个检查，找到故障源头。

（3）先硬件后软件。将硬件等外部因素排除后，再考虑是否为软件故障，排除导致软件故障的因素。

（4）先干后叶。先分析主要部件，后分析次要部件，尤其重点分析结合部零件和接口部件。

2．BOM 的故障分析诊断案例

在 BOM 内部机械部分的故障相对比较少，相反软件方面的故障会更加复杂。以下是对 BOM 的综合性故障进行分析，以及典型故障举例。

（1）操作员无法登录程序。人工售（补）票机验证操作员 ID 和密码通过 SC 下发的操作员参数进行核实。操作员无法登录程序的故障原因及故障处理方法见表 1—7。

表 1—7　　　　　操作员无法登录程序的故障原因及故障处理方法

故障原因	故障处理方法
BOM 主机操作程序的参数版本不是最新的	可以通过 SOC 查询该 BOM 设备的参数版本号是否为最新，也可以通过 SOC 进行 BOM 设备的参数同步
BOM 主机操作程序解析参数错误	解析错误属于程序漏洞，将问题反馈给相关技术负责人，让软件厂商修改漏洞
SC 下发至 BOM 主机的参数错误	将问题反馈给相关技术负责人，让编辑参数人员核实参数问题
键盘出错	更换键盘或者恢复键盘设置

（2）操作员无法进行交通卡充值。交通卡充值需要先从充值前置系统获取充值密钥，然后才能进行充值。操作员无法进行交通卡充值原因及相关处理方法见表 1—8。

表1—8　　操作员无法进行交通卡充值原因及相关处理方法

故障原因	故障处理方法
连接充值前置系统的网络异常	测试网络是否连接正常，测试网络丢包情况，检测网络设备配置情况，更换网线或网络设备
BOM主机操作程序在充值前向充值前置系统签到异常	检查上位机是否正常，重启上位机或者检测上位机日志；是否存在软件缺陷，将问题反馈给相关技术负责人，让软件厂商修改漏洞

1.3.3　人工售（补）票机综合故障处置

1. BOM常见综合性问题

BOM常见综合性问题有经常性死机或者重启、电源供电不稳定、莫名其妙地车票读写分析不正常、显示器时好时坏和车票发售模块不稳定（如供票不正常）等故障现象。

BOM故障的定位方法可依据下列方式进行判断：

（1）判断故障指示和报警指示，或者是操作员显示器指示。

（2）按照先主要外部设备后BOM主机原则，逐个进行人工售（补）票机各模块故障排查。排查顺序建议如下：检查BOM发卡模块、检查读卡器、检查其他外部设备、检查网络接口、检查工控机。排查顺序也可根据故障现象进行调整。

2. BOM常见综合性问题案例

（1）无法分析车票。车票是通过读卡器读取车票信息，并通过程序业务分析后将分析结果显示出来。人工售（补）票机无法分析车票的原因及相关处理方法见表1—9。

表1—9　　人工售（补）票机无法分析车票的原因及相关处理方法

故障原因	故障处理方法
BOM主机操作程序业务分析有漏洞	将问题反馈给相关技术负责人，让软件厂商修改漏洞，在修改漏洞期间，根据漏洞影响程度适当考虑是否需要退回稳定版本再使用
读卡器无法读取到车票信息	检查读卡器状态是否正常，是否已损坏
BOM主机操作程序无法获取到读卡器数据	检查读卡器是否正确安装，数据线是否完好，程序对读卡器串口配置是否与实际串口号一致

续表

故障原因	故障处理方法
车票本身已损坏	换票或维修票卡
天线故障	调整天线场强，如果部分电阻、电容、电感等失效，需要进行维修或更换

无法分析车票可以按照图1—4所示的树形结构进行排查。

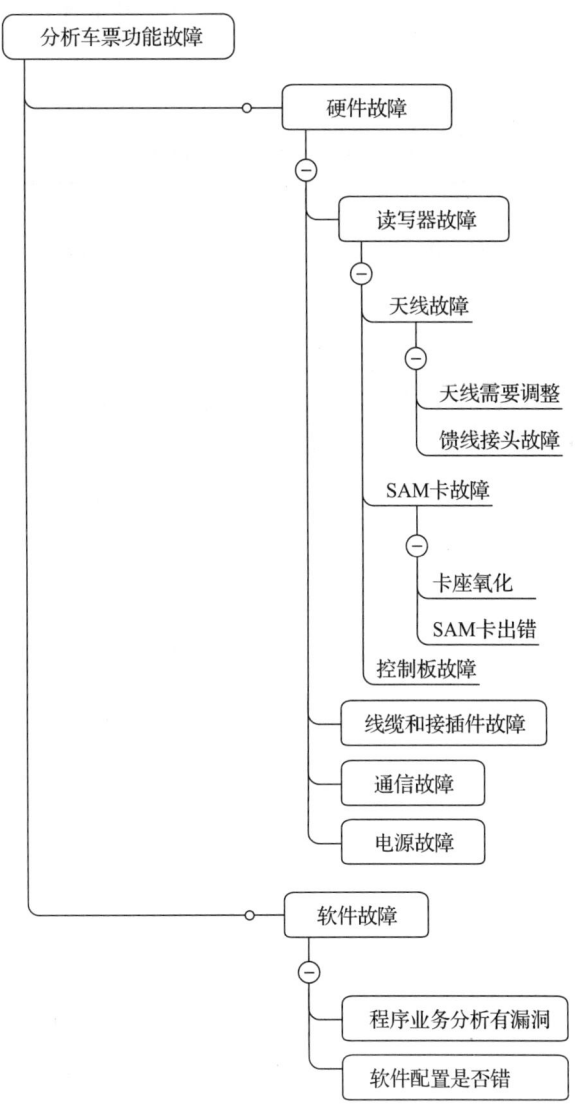

图1—4　故障排查树形结构

（2）乘客显示器无法显示信息。乘客显示器显示内容是由程序发送指令进行显示（串行接口方式）的。乘客显示器无法显示信息的原因及相关处理方法见表1—10。

表1—10　　　　乘客显示器无法显示信息的原因及相关处理方法

故障原因	故障处理方法
乘客显示器损坏	更换备件，或对损坏设备进行修理
程序没有发送或发送到与实际配置不一致的端口中	检查程序对乘客显示屏的串口配置是否与实际串口号一致，并修改正确
串口数据线损坏	更换备件
电源故障	更换保险或更换电源模块

乘客显示器故障可以按照图1—5所示的树形结构进行排查。

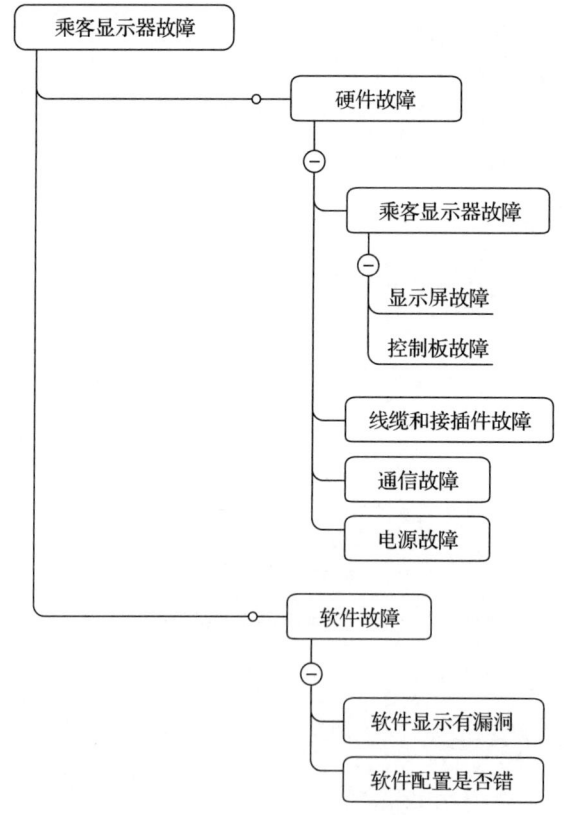

图1—5　乘客显示器故障排查

1.3.4 发卡装置综合故障原因分析

BOM 的单程车票发卡可以通过桌面读写器，也可以通过单程票发卡装置进行。单程票发卡装置由供票单元、传输单元、读写器、控制板等组成。

当操作人员进行发卡业务时，针对发卡装置不同的反应，可以进行具体分析。

1．发卡装置没有反应

当发卡装置没有反应时，故障发生可能有以下几种情况：

（1）人工售票机发送指令错误。

（2）串口数据线或工控机串口故障。

（3）发卡装置内部故障。

2．发卡装置有反应

进行发卡业务时发卡装置有反应，但是不发卡。发卡装置发卡的基本条件是有正确的 SAM 卡和可发售的票卡，那么不发卡的故障原因有两种：

（1）没有待发售票卡，或者卡片过期。

（2）没有安装 SAM 卡或 SAM 卡损坏。

发卡模块故障可以按照图 1—6 所示的树形结构进行排查。

电路部分故障排查如图 1—7 所示。

1.3.5 发卡装置综合故障处置

1．进行发卡业务时发卡装置没有反应

（1）人工售票机发送指令错误。处置方法是：将问题反馈给相关技术负责人，让软件厂商修改漏洞，在修改漏洞期间，根据漏洞影响程度适当考虑是否需要退回稳定版本再使用。

（2）串口数据线或工控机串口故障。处置方法是：更换备件。

（3）发卡装置故障。处置方法是：更换备件，或者对损坏设备进行保修流程。

2．进行发卡业务时发卡装置有反应，但不发卡

（1）没有待发售票卡。处置方法是：将待发票卡放入发票箱内。

（2）没有安装 SAM 卡或 SAM 卡损坏。处置方法是：插入或更换 SAM。

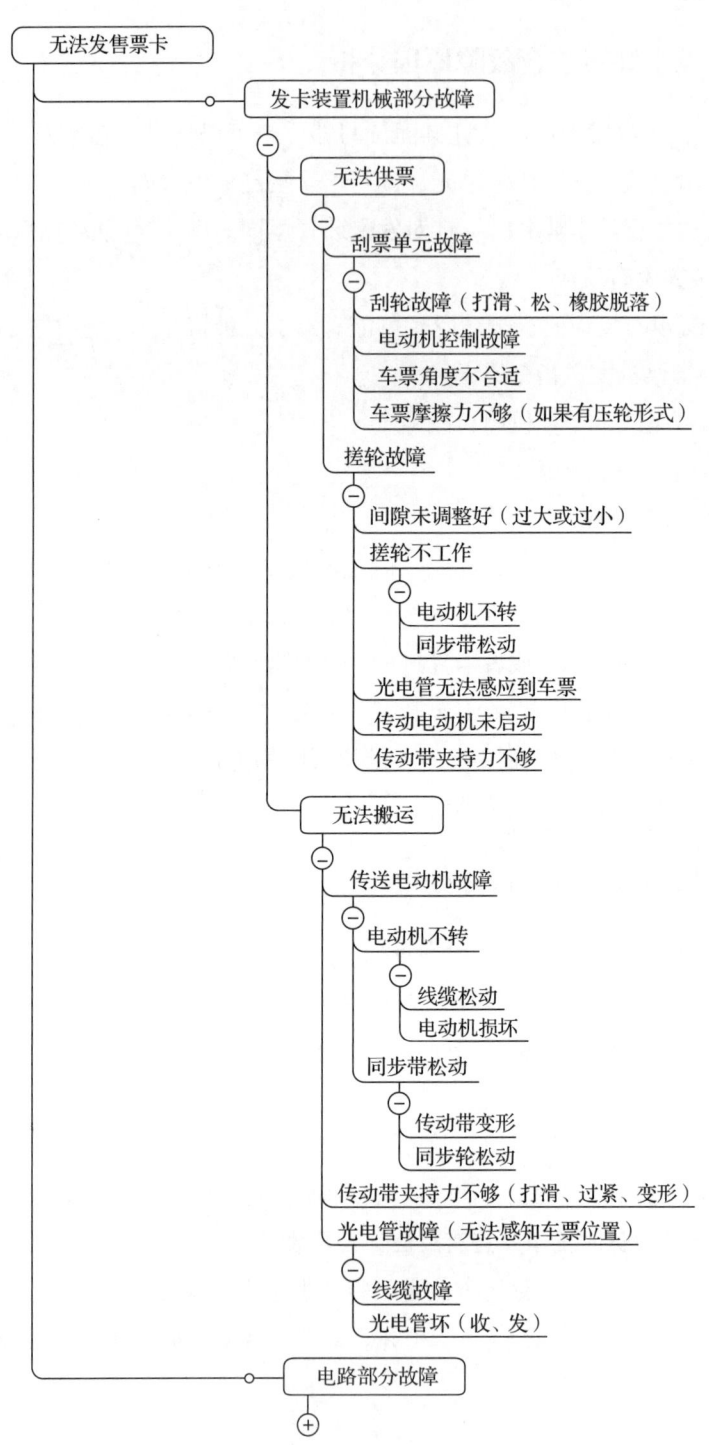

图 1—6　发卡模块故障排查

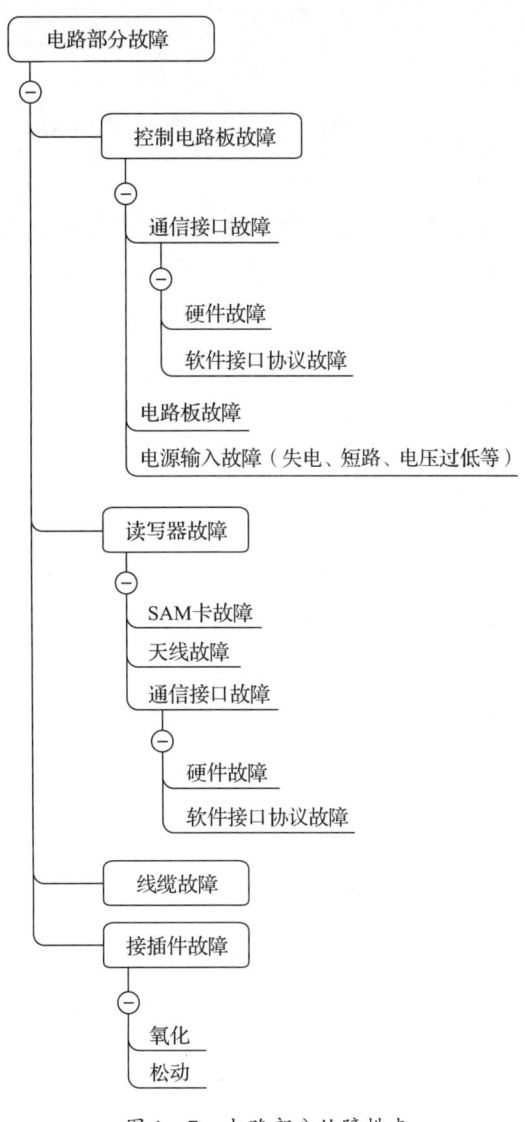

图 1—7 电路部分故障排查

技能要求

人工售票机的调试

操作准备

1. 已安装应用程序并完成参数配置的人工售票机 1 台。
2. 常用工具 1 套。

操作步骤

步骤1 准备工作

接入所有外接设备，完成参数配置，启动人工售票机应用程序并进入登录界面。

步骤2 外接设备调试

使用维护人员账号进行登录。进入诊断界面，使用人工售票机自带的测试功能调试所有外接设备状态，测试完成后退出账号登录。

步骤3 基本业务调试

使用服务人员账号进行登录。进入发售界面，发售测试票。再进入付费区分析界面，进行发售后的测试票分析，并进行"进站"更新。最后进入非付费区分析界面，分析进站后的测试票，并进行出站更新。

步骤4 交通卡充值调试

使用测试交通卡进行充值调试。进入付费区分析界面或非付费区分析界面进行测试交通卡分析，并进行充值，调试完成退出账号登录。

步骤5 后台交易数据检查

通过SOC查看测试票的发售和更新交易数据是否完整、有效，查看交通卡充值交易是否完整、有效。

注意事项

1. 所有操作要求符合规程，操作应采取正确的步骤、方法。
2. 严禁违规操作，以防止造成设备、人员损伤。
3. 操作完毕后，设备工具应复位并做好清洁工作。

人工售票机的单元检修

操作准备

1. 人工售票机1台。
2. 发卡装置诊断程序1套。
3. 常用工具1套。

操作步骤

步骤1 准备工作

将发卡装置接入人工售票机及工控机对应串口上，使用诊断程序尝试与人工售票机进行通信，保持通信正常。

步骤2 检测人工售票机单元

使用诊断程序对人工售票机所有单元机型进行测试，并检查是否存在故障。

步骤3 处理故障

通过测试确认故障单元，同时针对故障单元进行更换，或进行保修流程。

注意事项

1. 所有操作要求符合规程，操作应采取正确的步骤、方法。
2. 严禁违规操作，以防止造成设备、人员损伤。
3. 操作完毕后，设备工具应复位，并做好清洁工作。

1.4 分拣编码机的维护

知识要求

1.4.1 分拣编码机综合故障原因分析

分拣编码机常见故障有电源故障、光电传感器故障、磁铁故障、票箱未到位故障、QTSU超时故障、读写器故障和卡票故障等，这些故障主要由人为操作或机械、程序和部件损坏等原因造成。

1.4.2 分拣编码机综合故障处置

诊断分拣编码机常见故障有电源故障、光电传感器故障、磁铁故障、票箱未到位故障、QTSU超时故障、读写器故障和车票堵塞故障等，分析这些故障是由人为操作还是由机械、程序和部件坏等原因造成，然后根据不同情况采取不同方法处理。

技能要求

分拣编码机应急票发售授权申请及发售

操作准备

1. 分拣编码机1台。
2. 常用工具1套。

3. 车票若干。

操作步骤

步骤1 登录系统

登录"清分"账务应用系统,双击应用程序图标,如图1—8所示。

图1—8 "清分"账务应用系统

步骤2 输入用户编号和密码

输入用户编号和密码,如图1—9所示。

图1—9 输入用户编号、密码

步骤3 进入账务子系统

选择"账务"按钮（见图1—10）进入账务子系统界面。

步骤4 进入票卡账户管理界面

选择"票卡账户管理"按钮（见图1—11）进入票卡账户管理界面。

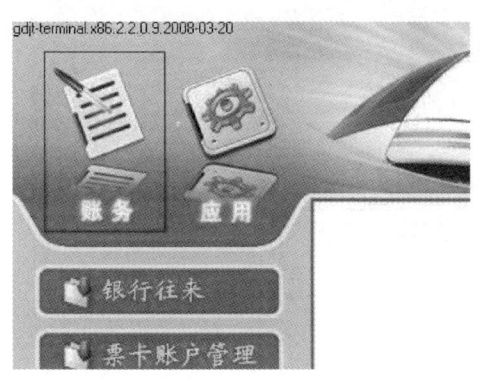
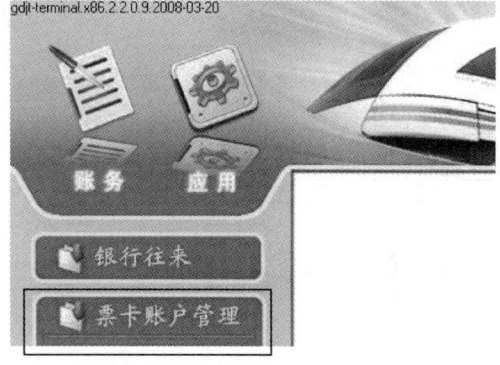

图1—10　账务子系统　　　　　　　图1—11　票卡账户管理界面

步骤5 进入应急票授权录入界面

单击"应急票授权录入"按钮（见图1—12）进入应急票授权录入界面。

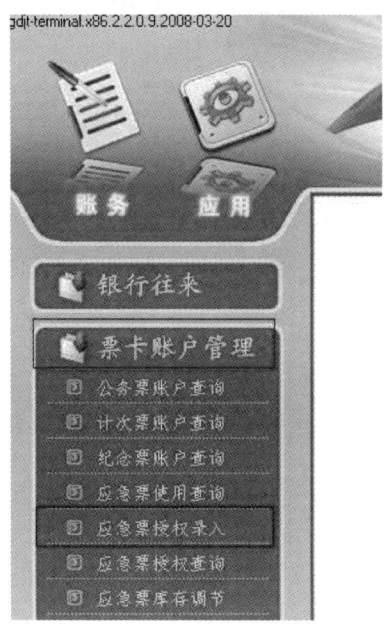

图1—12　应急票授权录入

步骤6　授权发售应急票

填写所要授权发售应急票的线路代码、票面值及授权数量，并设定应急票有效日期，按"保存"键，如图1—13所示。

图1—13　授权发售应急票

步骤7　设置应急票授权有效日期

检查录入信息准确无误后，设置该批应急票授权有效日期，并单击"授权"按钮，此时授权信息已被系统接收，如图1—14所示。

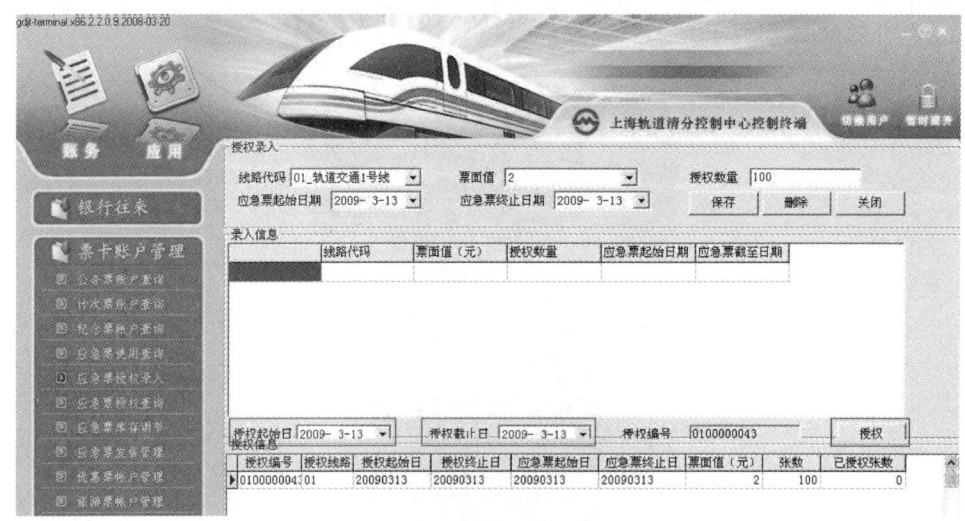

图1—14　应急票授权有效日期

步骤8　应急票授权查询

单击"应急票授权查询"按钮可以查询历史及最新时间应急票授权情况，可以使用授权编号、授权线路和票面值复选框来缩小查找范围，如图1—15所示。

图 1—15　应急票授权查询

步骤 9　应急票发售

已授权张数表示线路 ES 编码机已获得授权发售应急票的数量及已发售应急票的数量，如图 1—16、图 1—17 所示。

图 1—16　应急票的数量

发售应急票为系统的主要功能之一，发售应急票的流程有 3 步。

1. 申请及发售准备

将待发售的车票放入票箱，同时将票箱在分拣编码机安装就绪。

2. 应急票发售授权申请

单击菜单"申请授权"，如图 1—18 所示，进入申请应急票授权界面，如图 1—19 所示。

（1）输入待发售应急票起始有效期和终止有效期。

图1—17 已发售应急票的数量

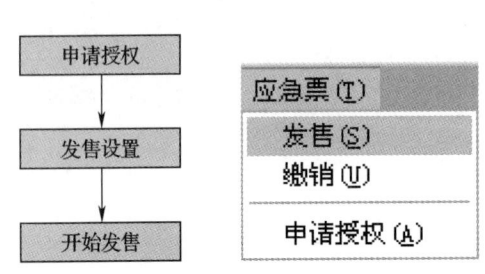

图1—18 发售应急票

图1—19 申请应急票授权界面

（2）输入待发售的应急票金额，单位为"分"。

（3）输入待发售的应急票张数。

（4）输入以上信息后单击"添加"按钮，可以在记录信息显示区域看到申请内容。

（5）如有多种不同内容的应急票，重复步骤（2）~（4）。

（6）输入过程若发现有误，可以通过单击"删除"按钮来删除选中的申请信息，单击"全部删除"按钮将删除所有输入信息。

（7）输入完成后单击"申请"按钮完成操作。

3. 进行应急票发售

单击菜单"发售",进入发售应急票界面,如图1—20所示。

图1—20 发售应急票

红色状态灯:表示储票箱没有就绪(票箱没有装,或票箱装了但没有升起)。

蓝色状态灯:表示储票箱状态正常,可进行后续操作。

(1)选择"发售车票类型"。

(2)选择"发售车票金额"。

(3)选择车票"起始存放票箱"。

发售张数由系统自动生成,然后单击"设置完成"按钮。

如输入无误,单击"确认"按钮完成操作。

单击"重新设置"按钮可以放弃先前设置,重新操作系统可以发售多种面额和张数不同的应急票,具体信息由申请授权决定。发售多种面额应急票应分多次完成,每次发售一种,完成后需重新设置相关发售数据。

系统从选择的起始存放票箱开始存放发售完成的应急票,票箱装满后将自动切换至下一票箱,无须人工切换。

单击菜单"缴销",进入缴销应急票界面,如图1—21所示。

如要作废未使用完的应急票,可以通过缴销方式实现。缴销操作界面和操作方法与发售类似。

步骤10 退出登录

单击"注销"或"退出",均可退出登录,如图1—22所示。

写出操作规程的分析报告。

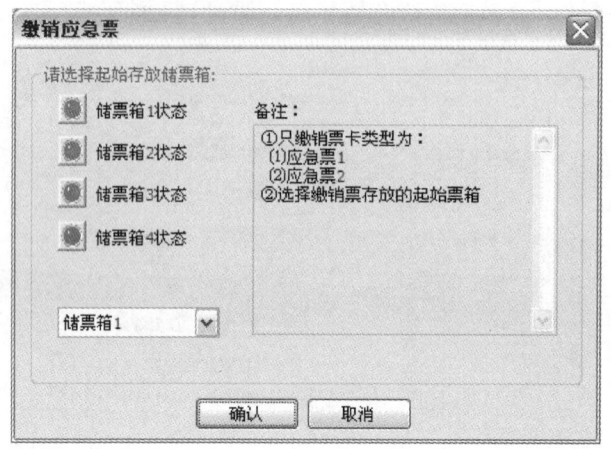

图 1—21 缴销应急票界面

注意事项

1. 所有操作要求符合规程，操作应采取正确的步骤、方法。
2. 严禁违规操作，以防止造成设备、人员损伤。
3. 操作完毕后，设备工具应复位，并做好清洁工作。

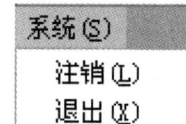

图 1—22 注销与退出界面

分拣编码机设备故障检测

操作准备

1. 分拣编码机设备 1 台。
2. 常用工具 1 套。

操作步骤

步骤 1 模块连接

1. 前视图模块部件

前视图模块部件如图 1—23 所示，前视图模块部件对应名称见表 1—11。

2. 后视图模块部件

后视图模块部件如图 1—24 所示，后视图模块部件对应名称见表 1—12。

图1—23 前视图模块部件

表1—11　　前视图模块部件

序号	模块	序号	模块
1	发售票箱2	8	磁性开关A3
2	发售票箱1	9	磁性开关E3
3	光电传感器L1	10	磁性开关E2
4	磁性开关A1	11	到位开关SWM5
5	堆叠票箱1	12	堆叠票箱5
6	到位开关SWM1	13	磁性开关E1
7	磁性开关A2	14	光电传感器L18

3．部分器件分布

（1）光电传感器分布。前视图模块部件传输机构上共分布着18对光电传感器：L1～L18。

（2）电动机分布。图1—23所示的前视图模块部件和图1-24所示的后视图模块部件中传输机构和升降机构上共分布着11个电动机：M1～M11，其中M1～M10为直流步进电动机，M11为无刷电动机。

图1—24 后视图模块部件

表1—12　　　　　　　　　　后视图模块部件

序号	模块	序号	模块
1	电动机 A	16	电动机驱动板 SMJ
2	电动机 B	17	电动机驱动板 SMI
3	电动机 C	18	电动机驱动板 SMH
4	电动机 D	19	电动机驱动板 SMG
5	电机驱动板 SMD	20	UPS
6	电动机 E	21	开关电源
7	电动机驱动板 SME	22	接线盒
8	磁铁 EM1	23	工控机 MCU
9	磁铁 EM2	24	电源接口板 PIB
10	磁铁 EM3	25	读写器 R
11	磁铁 EM4	26	电动机驱动板 SMC
12	无刷电动机	27	电动机驱动板 SMA
13	电动机驱动器	28	电动机驱动板 SMB
14	MFB 及接口板 SU	29	风扇 FAN
15	电动机驱动板 SMK	—	—

(3) 磁铁分布。后视图传输机构上共分布着 4 个磁铁：EMG1 ~ EMG4。

(4) 磁性开关分布。前视图升降机构从发票口方向向内，共分布了 5 组磁性开关：A1、A2、A3、E2、E3。

(5) 车票到位开关。前视图模块部件的分拣编码机，一次可分拣出 4 种票种，加上一个废票箱，所以共有 5 个分拣票箱，每个分拣票箱对应一个车票到位开关。因此，从升降机构的出票口方向向内，共分布了 5 个到位开关：SWM1 ~ SWM5。

(6) 电动机控制板 SMG 连接见表 1—13。SMG 电动机控制板共有 8 个接口，分别是 CN1 ~ CN8。其中，CN1 连接电源接口板，CN2 连接光电传感器 L10，CN3 预留，CN4 连接磁性开关 A1 ~ A3，CN6 连接电动机 G，CN7 连接 GCU COM2，CN8 连接 SMH – CN7。

表 1—13　　　　　　　　电动机控制板 SMG 连接

电动机控制板 SMG	连接位置
CN1	电源接口板
CN2	光电传感器 L10
CN4	磁性开关 A1 ~ A3
CN6	电动机 G
CN7	GCU COM2
CN8	SMH 和 CN7

(7) 直流电源连接见表 1—14。直流电源（24 V +）端口连接位置为电源接口板第 2 列第 1 脚和第 3 列第 1 脚，直流电源（24 V GND）接地端连接电源接口板第 2 列第 2 脚和第 3 列第 2 脚；直流电源（12 V +）端口连接位置为电源接口板第 1 列第 1 脚和第 4 列第 1 脚，直流电源（12 V GND）接地端连接第 1 列第 2 脚和第 4 列第 2 脚；直流电源（5 V +）端口连接位置为电源接口板第 1 列第 4 脚和第 4 列第 4 脚，直流电源（5 V GND）接地端连接电源接口板第 1 列第 3 脚和第 4 列第 3 脚。

表 1—14　　　　　　　　直流电源连接

直流电源	连接位置——电源接口板 PIB	
24 V +	第 2 列第 1 脚	第 3 列第 1 脚
12 V +	第 1 列第 1 脚	第 4 列第 1 脚
5 V +	第 1 列第 4 脚	第 4 列第 4 脚
24 V GND	第 2 列第 2 脚	第 3 列第 2 脚
12 V GND	第 1 列第 2 脚	第 4 列第 2 脚
5 V GND	第 1 列第 3 脚	第 4 列第 3 脚

(8) 电源接口板实物如图 1—25 所示，电源接口板连接见表 1—15。电源接口板的 CN1 连接工控机电源输入口，CN2 连接读卡器，CN3 连接整机风扇，CN4 连接 GCU 电源输入，CN5 连接无刷驱动器，CN6 ~ CN15 分别连接电动机控制板 SMA ~ SMK。

图 1—25　电源接口板

表 1—15　　　　　　　　　　电源接口板连接

电源接口板	连接位置	电源接口板	连接位置
CN1	工控机	CN9	SMD 板
CN2	读写器	CN10	SME 板
CN3	风扇	CN11	SMG 板
CN4	GCU	CN12	SMH 板
CN5	无刷驱动器	CN13	SMI 板
CN6	SMA 板	CN14	SMJ 板
CN7	SMB 板	CN15	SMK 板
CN8	SMC 板	—	—

(9) GCU 控制板连接见表 1—16。GCU 控制板的通信口 COM1 连接工控机的 COM1 口，GCU 的 COM2 口连接电动机控制板 SMG 的 CN7，CNA0 ~ CNA7 分别连接光电传感器 L1 ~ L8，CNB0 连接光电传感器 L9，CNB1 连接到位开关 SWM1，CNB2 连接光电传感器 L11，CNB3 连接到位开关 SWM2，CNB4 连接光电传感器 L13，

CNB5 连接到位开关 SWM3，CNB6 连接光电传感器 L15，CNB7 连接到位开关 SWM4，CNC4 连接光电传感器 L17，CNC6 连接到位开关 SWM5，CN6 预留，CN7 预留，开关 SW1 连接电动机 SMA－SME 的 CN2，SW2 空置，CN3～CN6 分别连接电磁铁 EMG1～EMG4。

表 1—16　　　　　　　　　　GCU 控制板连接

GCU 控制板	连接位置	GCU 控制板	连接位置
COM1	工控机 COM1	CNB4	L13
COM2	SMG	CNB5	SWM3
CNA0	L1	CNB6	L15
CNA1	L2	CNB7	SWM4
CNA2	L3	CNC4	L17
CNA3	L4	CNC5	SWM5
CNA4	L5	CNC6	预留
CNA5	L6	CNC7	预留
CNA6	L7	SW1	SMA—SME 的 CN2
CNA7	L8	SW2	—
CNB0	L9	CN3	EMG1
CNB1	SWM1	CN4	EMG2
CNB2	L11	CN5	EMG3
CNB3	SWM2	CN6	EMG4

（10）UPS 连接见表 1—17。UPS 的输入端连接市电接线盒，UPS 的输出端连接开关电源箱。

表 1—17　　　　　　　　　　UPS 连接

UPS	对应关系	连接位置
输入端	标准三角插头	接线盒
输出端	标准三角插头	开关电源

（11）无刷驱动器连接见表 1—18。无刷驱动器的电源口连接电源接口板 CN5，电动机接口连接无刷电动机，空置口连接 GCU 接口板 SW1。

表 1—18　　　　　　　　　无刷驱动器连接

无刷驱动器	连接位置
电源	电源接口板
电动机接口	无刷电动机
控制口	GCU 接口板 SW1

（12）电动机控制板 SMH 连接见表 1—19。电动机控制板 CN1 连接电源接口板，CN2 连接光电传感器 L12，CN4 连接磁性开关 B1~B3，CN6 连接电动机 H，CN8 连接 SMI-CN7。

表 1—19　　　　　　　　　电动机控制板 SMH 连接

电动机控制板 SMH	连接位置
CN1	电源接口板
CN2	光电传感器 L12
CN4	磁性开关 B1~B3
CN6	电动机 H
CN8	SMI-CN7

（13）读写器连接见表 1—20。读写器的电源口连接电源接口板 CN2，串口接工控机 COMZ。

表 1—20　　　　　　　　　读写器连接

读写器	连接位置
电源	电源接口板 CNZ
串口	工控机 COM2

（14）电动机控制板 SMI 连接见表 1—21。CN1 连接电源接口板，CN2 连接光电传感器 L14，CN4 连接磁性开关 C1-C3，CN6 连接电动机 I，CN8 连接 SMJ-CN7。

表 1—21　　　　　　　　　电动机控制板 SMI 连接

电动机控制板 SMI	连接位置
CN1	电源接口板
CN2	光电传感器 L14
CN4	磁性开关 C1-C3
CN6	电动机 I
CN8	SMJ-CN7

（15）电动机控制板 SMJ 连接见表 1—22。CN1 连接电源接口板，CN2 连接光电传感器 L16，CN4 连接磁性开关 D1－D3，CN6 连接电动机 J，CN8 连接 SMK－CN7。

表 1—22　　　　　　　　电动机控制板 SMJ 连接

电动机控制板 SMJ	连接位置
CN1	电源接口板
CN2	光电传感器 L16
CN4	磁性开关 D1－D3
CN6	电动机 J
CN8	SMK－CN7

（16）电动机控制板 SMK 连接见表 1—23。CN1 连接电源接口板，CN2 连接光电传感器 L18，CN4 连接磁性开关 E1－E3，CN6 连接电动机 K。

表 1—23　　　　　　　　电动机控制板 SMK 连接

电动机控制板 SMK	连接位置
CN1	电源接口板
CN2	光电传感器 L18
CN4	磁性开关 E1－E3
CN6	电动机 K

步骤 2　硬件故障分析

1. 光电传感器故障

（1）L1～L9、L11、L13、L15、L17 故障

1）检查黑色（接收）传感器、白色（发射）传感器是否对齐。

2）检查故障传感器连接的线束是否牢固，是否连接正确。

3）检查白色传感器是否有电压，如有电压是否为 5 V 左右。

4）检查该传感器接收端，即黑色传感器，无遮挡时应为低电平，有遮挡时应为高电平。正常情况下，无遮挡时对应连接器旁指示灯不亮，有遮挡时指示灯亮。

例：现有传感器 L1 故障。

外部表现：该传感器连接器旁 LEDA0 指示灯长亮。

故障分析：测量 CNA0 连接器的 1、2 脚电压是否为 5 V。3、4 脚短接是否 LED 灯灭。

结果：电压没有 5 V，或 3、4 脚短接 LED 灯不灭，说明电路板坏。

如果以上测试正常,说明光电传感器本身故障,则更换传感器,并对准,再次测试。

(2) L10、L12～L18 故障

1)检查黑色(接收)传感器、白色(发射)传感器是否对齐。

2)检查故障传感器连接的线束是否牢固,是否连接正确。

3)检查白色传感器是否有电压,如有电压是否为 5 V 左右。

4)检查该传感器接收端,即黑色传感器,无遮挡时应为低电平,有遮挡时应为高电平。

例:现有传感器 L10 故障。

外部表现:票箱 1 不能升起。

故障分析:测量 SMG 连接器 CN2 的 3、4 脚电压是否有 5 V。1、2 脚短接是否重新上电使票箱能升起。

结果:电压没有 5 V,或 1、2 脚短接不能控制票箱升起,说明电路板坏。

如果以上测试正常,说明光电传感器本身故障,则更换传感器,并对准,再次测试。

2. 磁铁故障

(1) 检查线束连接是否牢固、正确等。

(2) 检查对应电路板连接器 1 脚电压是否有 12 V。

(3) 检查霍尔元件是否已经烧毁等。

例:磁铁 1 即 EMG1 故障。

外部表现:EMG1 不能吸合。

故障分析:检查霍尔元件两端是否有电压,如有电压是否为 12 V 左右。用软件控制磁铁动作时,相应的 LED 灯是否点亮。

结果:线路板上电压没有 12 V,或控制后 LED 灯不亮,接口电压还是 12 V,说明电路板坏;反之,说明霍尔元件坏,需更换新的霍尔元件,再进行测试。

3. 票箱到位开关故障

(1) 检查线束连接是否牢固、正确等。

(2) 检测到位开关是否完好。

(3) 检查电路板是否正常。

例:到位开关 1 即 SWM1 故障。

外部表现:票箱安装到位后,显示无票箱等。

故障分析:线束是否正确地接在 CNB1 的 3、4 脚。到位开关是否完好(松开时,导通;按下时,断开)。CNB1 的 3、4 脚人为短接,LEDB1 指示灯是否熄灭。不短接是否长亮。

结果：根据以上分析，判断是线没有连接好，还是开关本身有问题，或是电路板有故障。

例：无刷电动机不能正常工作。

故障分析：检查驱动器是否有 24 V 电源，各个线束连接是否牢固，控制线是否连接正确。

结果：如果线束等都连接正确，接触良好。说明可能是电动机坏，或是驱动器坏，或是 GCU 接口板块，分别更换新的再进行测试，逐个排除。

4．某模块无电

（1）检查直流电源是否有电。

（2）检查电源接口板保险丝是否熔断。

（3）检查该模块自身保险丝是否熔断。

5．QTSU 超时故障

检查工控机与 GCU 之间的串口线是否连接正常，线束是否完好。用串口测试软件测试工控机串口是否正常。一般进行以上测试便能发现问题，可相应地更换工控机或 GCU 控制板。

6．读写器故障

（1）读写器初始化故障。查看读写器有没有安装 SIM 卡，并检查安装次序是否正确以及接触是否良好等。如果以上完好，则说明读写器本身损坏，需更换。

（2）读写器通信故障。检查读写器与工控机之间的 RS－232 通信线是否完好。检查工控机的串口是否正常（可利用串口测试程序进行测试）。一般可判断出故障问题，更换新的即可。

7．车票堵塞故障

由于人为操作或是机械、程序等原因经常会出现车票堵塞故障，所以操作员和维修人员都要熟悉车票堵塞解除的具体方法：

（1）根据被遮挡的传感器判断车票堵塞位置。

（2）拿出被堵塞的车票。

（3）利用软件进行系统故障检测。

（4）进行设备复位，判断系统进入正常运行状态，如图 1—26 所示。

图 1—26　设备复位

注意事项

1. 所有操作要求符合规程，操作应采取正确的步骤、方法。
2. 严禁违规操作，以防止造成设备、人员损伤。
3. 操作完毕后，设备工具应复位，并做好清洁工作。

思 考 题

1. 简述终端设备故障的处置流程。
2. 哪些提示信息属于检票机设备专用信息？

第 2 章

车站系统调试

学习完本章的内容后，您能够：
- ☑ 掌握车站设备系统调试方法。
- ☑ 掌握查询车站设备 IP 配置的方法。
- ☑ 掌握制定车站自动售检票系统功能测试方案。
- ☑ 了解车站设备安装施工质量要求。
- ☑ 了解车站自动售检票系统验收技术要求。
- ☑ 能够主持联网检测车站设备性能工作。
- ☑ 掌握车站网络故障诊断方法。

2.1 车站设备的调试

知识要求

2.1.1 制定车站自动售检票系统功能测试方案

自动售检票系统车站设备安装结束后,为确保设备正常运营,在自动售检票系统开通投用前,需要进行大量的调试、测试工作。由于自动售检票系统较为复杂,车站设备数量多,测试工作需要分阶段、分车站进行,周期较长,将需要花费大量的人力和物力。

整个调试、测试可以分成车站设备单机调试、车站设备系统调试、中央设备系统调试、系统联调等阶段。

1. 车站设备单机调试

虽然车站设备在出厂前,已经进行过出厂检验,但是经过运输、搬运、存放和安装等阶段,在车站设备安装完毕后,必须进行单机调试、测试,以检验每台设备的所有功能、性能能否满足技术规格书的要求。

车站设备包括自动售票机、人工售(补)票机、进站与出站检票机、储值票验票与充值机、车站计算机、车站网络和配电系统等。

单机测试应当是100%全部进行。车站设备测试阶段,业主应当派专人参与,一方面可以监督和掌握测试情况,同时可以通过测试使参与人员熟悉设备的操作、简单故障的处理等，兼作为培训。

测试前必须制定各种设备的详细测试大纲、测试记录表格、检验方法等，文件一般由设备制造商提供，并经业主确认。

测试前还应当准备测试必须的车票（单程票和储值票）、纸币和硬币、SAM卡（一般为测试SAM卡）等。

设备测试的内容应当包括：

(1) 设备的主要功能。根据技术规格书要求确定。

(2) 交易的准确性。每台设备需要测试一定的交易量，核对交易的次数、现金、车票数等的差异，分析差异原因，计算准确性。

(3) 非正常交易测试，检验容错性。

(4) 降级和故障状态测试。故障现象有时需要通过模拟的方式出现，观察设备的表现、故障显示代码、数据上传等，检验各种状态是否符合规范。

每台设备应有详细的记录表。设备测试不合格由设备制造商负责修复或更换。

2. 车站设备系统调试

以车站计算机为中心，进行车站设备系统联调试验。联调试验检验车站计算机与车站售检票设备之间的通信接口功能，包括交易数据、设备状态、故障报警、控制和参数下载等；验证车站计算机采集的数据、统计报表、设备监控的准确性；并考验车站设备的性能稳定性及可靠性。

车站设备系统调试前，必须完成以下前期准备工作：SC主机系统单体功能测试完成；车站各种售检票设备单机功能测试完成，所有设备处于正常工作状态；所有软件版本、SAM卡检查完成；车站供电系统，包括双路电源自动切换箱、电源接地、漏电保护等工作正常；车站网络工作正常。

车站设备系统调试的主要内容是车站网络测试和系统操作测试。

(1) 车站网络测试。车站网络测试的内容包括：设备编号和IP地址，交换机检查、测试，环网测试；SNC和SOC中央连通测试。

(2) 系统操作测试。系统操作测试的内容包括指令控制命令测试、运营模式控制和程序下载更新。

在SC上进行指令控制命令操作包括正常服务状态、图像显示、设备标识、运营状态指示、设备开关、通行状态控制等。

通过操作SC进行运营模式控制，控制车站终端设备进入正常模式、紧急模式和降级模式。

进行程序下载更新操作。

（3）设备故障状态反应及处理。检测车站各种设备故障发生时，SC 的响应延时和响应的正确性。这些故障主要有通信故障、设备单机故障、读卡器故障、UPS 故障、数据堆积故障和传输延时故障等。

（4）设备运营和票务测试

1）设备运营参数。由车站（编辑）下发至设备（执行），设定运营时间。

用户权限管理：ID、密码、权限类别、有效期。

修改费率票价：修改黑名单信息，如车票序列号、类型、拒绝类型、生效时间。

设备自设置参数。

2）票务流程测试见表 2—1。

表 2—1　　　　　　　　　　票务流程测试

序号	步骤名称	作用
1	车票分析	分析单程票、储值票和其他票种（包括过期票、超时票、欠费票、黑名单、非本系统票等）的信息内容是否正常
2	车票发售	TVM 和 BOM 发售交易，成功和不成功交易统计和分析
3	加值交易	对储值票加值进行分析，成功和不成功
4	进站和出站交易	进站和出站检票结果、检票机显示信息、通道阻挡装置开启和关闭控制、通行情况、声光提示和报警
5	非正常进出站交易车票分析（BOM 分析）	分析车票信息、交易失败原因等
6	车票更新测试	超时、超程、补票、免费更新等交易处理测试

（5）车站票务交易数据准确性测试

1）打印 TVM、BOM、CVM 等设备的交易记录单据。

2）采集车站设备本机的交易记录寄存器值和交易明细。

3）查询 SC 上的设备交易记录，打印设备交易记录汇总表。

4）核对各设备交易记录和 SC 统计，进行分析、比较，计算交易误差，并查找原因。

（6）车站模拟"走票"测试。在单机测试的基础上，进行本车站模拟"走票"测试，检验单个车站票务交易的准确性、可靠性。

1）主要方法。模拟乘客在车站内购票、充值、进站和出站检票、补票、更新等过程，系统地检验车站设备的功能、性能以及可用性、准确性，发现设备和系统存在的缺陷，为全系统测试提供保证。

2）主要步骤。制定"走票"方案；准备好车票、纸币和硬币：正常票和非正常票，各种面额的纸币、硬币；记录表格；人员分配；按方案进行"走票"测试：在测试的每个步骤必须做好详细的记录，力求准确，防止产生人为差错而影响测试的真实性。

采集各设备交易寄存器值，统计、汇总各设备交易量、交易金额、现金收益、非正常交易、更新等，清点硬币和纸币回收量，清点检票机回收票卡量，对设备实际交易和 SC 统计进行分析、比较，计算交易误差，并查找原因。

如果在进行车站"走票"测试时，中央计算机系统如工作正常，SC 和 CC 通信连接正常，可由中央计算机读取数据，同时对车站测试交易数据进行分析。

（7）紧急状态测试

1）紧急按钮测试：启动紧急按钮，观察检票机的阻挡机构的自动打开状态、检票机显示屏和方向指示器是否正确。

2）在 SC 上进行紧急状态操作：操作方法同上。

（8）电源失电试验

1）电路电源失电试验：切断 A 路电源，观察 B 路电源能否自动切换，所有设备应正常工作。A 路电源恢复，电源应当自动切换至 A 路供电。在切换过程中，所有设备不应发生异常。

2）双路电源同时失电：双路电源同时失电时，检票机应立即处于紧急状态，释放所有阻挡机构。TVM、BOM、CVM 应在完成当前一笔交易后，自动关机。SC 和车站网络设备由 UPS 供电，并正常运营 45 min。

3. AFC 系统联合调试

车站设备单机调试和车站设备系统调试完成后，即可进行整个 AFC 系统联调，检验整个 AFC 系统功能。

系统联调应模拟车站车票发售、进站与出站检票、补票、储值票充值、车票流转等正常运营状态，也应模拟测试各种设备故障、乘客非正常使用设备状态下的交易数据统计的准确性。

系统联调包括各种降级模式、故障模式、紧急模式等非正常运营模式测试，还包括大客流压力模拟测试。

全系统模拟"走票"测试方案介绍（演练）见表 2—2。

表 2—2　　　　　　　　全系统模拟"走票"测试方案介绍

项目	内容
测试目的	确认系统功能 模拟乘客购票、进站、出站流程，检验自动售检票系统性能 检查费率表和票价的准确性 检验工作人员实际操作水平 检验 AFC 系统的运营组织和管理能力，为系统开通运营做好准备
参加对象	与 AFC 系统相关的公司业务部门，以及 AFC 票务中央管理人员、车站票务和服务人员、AFC 设备维护人员、AFC 承包商
演练原则	"跨站"演练每个车站出售车票进站并至其他各个车站出站

注意：

（1）"走票"试验应全面覆盖所有的 BOM、TVM、进出站检票机以及 CVM，和全线所有车站、票务中央计算机。

（2）"跨费区"更新演练是对至本站"跨费区"第 1 个车站进行"欠费"更新操作，确保各个车站票价正确。同时验证车站和中央计算机的报表数据的正确性。

2.1.2　完成车站自动售检票系统各类技术资料的归档工作

完成车站自动售检票系统的各类技术资料的归档工作，即主要完成车站自动售检票系统文件如招标文件、技术规格书、操作说明书、设备合格证书等各类技术资料的归档、收集、保存工作。

2.1.3　审核车站自动售检票系统各种设备试验报告

1. 检测目的和范围

针对 AFC 设备样机和定型生产后的产品，判断设备单体是否符合技术规格书、通用技术规范的要求（检测重点在单体设备的性能和功能方面，联机方面只做基本通信功能测试），形成各种设备试验报告。

2. 检测安排

在样机或每一批设备生产完成后，由设备生产厂质检部门依据认可的标准和技术规范，对 AFC 设备进行出厂检验或提交第三方检测。通过后，向总包方提出检测验收申请报告，总包方安排对样机或抽查的产品进行验收测试。样机应全部验收，产品则按照每批生产设备数量的百分比进行抽检。

3. 检验内容

AFC 设备产品单体检测内容主要包括设备测试报告验收、单机验收和设备联机初验。

报告验收主要检查出厂检测报告和第三方检测报告是否完整。其中，出厂检测报告包括整机和主要部件（工控机、读卡器、传输机构等）的测试报告。

单体验收包括包装、外观、装配、单体的性能和功能检测。

设备联机初验通过 SC 下发命令，主要测试 3013 设置设备节点和 PING。

检票机、自动售票机、人工售票机、加值验票机和分拣编码机的出厂认可检验的具体验收内容见表2—3～表2—7。

表2—3　　　　　　　　　　检票机出厂认可检验

序号	检查项目	缺陷内容	缺陷判断		
			A	B	C
1	包装质量	1. 包装标志与产品不符		○	
		2. 缺少合格证书与说明书			○
2	外观质量	1. 外形不平整			○
		2. 外观有轻微损伤			○
3	装配质量	1. 部件固定不牢固		○	
		2. 接插件没有插好	○		
		3. 接头没有固定措施			○
		4. 接插件标志不清			○
4	常规操作	1. 检票不满足检票机的要求	○		
		2. 紧急放行通道阻挡不解除		○	
		3. 与 SC 通信故障	○		
		4. 回收票箱（包括装取）不满足检票机的规定	○		
		5. 与移动维护终端或维修键盘操作故障（含通信）	○		
		6. 读写器及天线不满足检票机要求		○	
		7. 乘客显示器、警示灯、方向指示器等故障		○	
		8. 乘客通过能力不符合检票机的规定		○	

续表

序号	检查项目	缺陷内容	缺陷判断 A	缺陷判断 B	缺陷判断 C
5	安全性	1. 泄漏电流不符合要求			
		2. 耐电强度不符合要求			
		3. 断电保护不起作用			

表2—4　　　　　　　　　自动售票机出厂认可检验

序号	检查项目	缺陷内容	缺陷判断 A	缺陷判断 B	缺陷判断 C
1	包装质量	1. 包装标志与产品不符		○	
		2. 缺少合格证书与说明书			○
2	外观质量	1. 外形不平整			
		2. 外观有轻微损伤			
3	装配质量	1. 部件固定不牢固		○	
		2. 接插件没有插好	○		
		3. 接头没有固定措施			○
		4. 接插件标志不清			○
4	常规操作	1. 售票不满足技术要求	○		
		2. 与SC通信故障	○		
		3. 与移动维护终端或维修面板操作故障（含通信）	○		
		4. 读写器及天线不满足要求		○	
5	安全性	1. 泄漏电流不符合要求	○		
		2. 耐电强度不符合要求	○		
		3. 断电保护不起作用	○		

表 2—5　　　　　　　　　人工售票机出厂认可检验

序号	检查项目	缺陷内容	缺陷判断		
			A	B	C
1	包装质量	1. 包装标志与产品不符		○	
		2. 缺少合格证书与说明书			○
2	外观质量	1. 外形不平整			○
		2. 外观有轻微损伤			○
3	装配质量	1. 部件固定不牢固		○	
		2. 接插件没有插好	○		
		3. 接头没有固定措施			○
		4. 接插件标志不清			○
4	常规操作	1. 单程票售票不满足要求	○		
		2. 储值卡授权、加值不满足要求	○		
		3. 车票分析不满足要求			
		4. 与SC通信故障	○		
		5. 与移动维护终端或维修面板操作故障（含通信）			
		6. 读写器及天线不满足要求		○	
5	安全性	1. 泄漏电流不符合要求	○		
		2. 耐电强度不符合要求	○		
		3. 断电保护不起作用	○		

表 2—6　　　　　　　　　加值验票机出厂认可检验

序号	检查项目	缺陷内容	缺陷判断		
			A	B	C
1	包装质量	1. 包装标志与产品不符			
		2. 缺少合格证书与说明书			○
2	外观质量	1. 外形不平整			○
		2. 外观有轻微损伤			○

续表

序号	检查项目	缺陷内容	缺陷判断 A	B	C
3	装配质量	1. 部件固定不牢固		○	
		2. 接插件没有插好	○		
		3. 接头没有固定措施			○
		4. 接插件标志不清			
4	常规操作	1. 不满足验票或充值的技术要求	○		
		2. 与 SC 通信故障	○		
		3. 与移动维护终端或维修面板操作故障（含通信）	○		
		4. 读写器及天线不满足要求		○	
5	安全性	1. 泄漏电流不符合要求	○		
		2. 耐电强度不符合要求	○		
		3. 断电保护不起作用	○		

表 2—7　　　　　　　　　分拣编码机出厂认可检验

序号	检查项目	缺陷内容	缺陷判断 A	B	C
1	包装质量	1. 包装标志与产品不符		○	
		2. 缺少合格证书与说明书			○
2	外观质量	1. 外形不平整			○
		2. 外观有轻微损伤			○
3	装配质量	1. 部件固定不牢固		○	
		2. 接插件没有插好	○		
		3. 接头没有固定措施			○
		4. 接插件标志不清			

续表

序号	检查项目	缺陷内容	缺陷判断 A	缺陷判断 B	缺陷判断 C
4	常规操作	1. 对单程票（含多次票）初始化不成功，无法在系统中使用	○		
		2. 无法对车票赋值或金额出错	○		
		3. 不能对车票注销或无法上传数据	○		
		4. 不能对已注销的车票进行重新编码处理	○		
		5. 不能检验出车票已初始化、赋值和再编码		○	
		6. 不能分拣出故障车票、超过期限的车票、不同面值的车票、不同票种的车票		○	
		7. 不能准确与中央计算机传输编制序列号、注销车票信息		○	
		8. 维修面板失效		○	
		9. 不能对票面打印文字、图形			○
5	安全性	1. 泄漏电流不符合要求	○		
		2. 耐电强度不符合要求	○		
		3. 断电保护不起作用			

4．检测认可

对于抽检的设备，如果有一台产品测试不通过，则扩大抽样范围重新检测，如果仍有未通过设备，则判定本批产品不合格。出厂检测认可缺陷等级、AFC各类设备出厂检测认可试验报告见表2—3～表2—7。

合格标准：A、B级缺陷=0，C级缺陷<2。其中，A级：影响系统运行，表示严重缺陷。B级：缺陷影响系统维护。C级：设备的完善情况不好，但不影响运营和维护。

技能要求

搭接放大、整形、比较电路

操作准备

1．放大、整形、比较电路框图如图2—1所示。

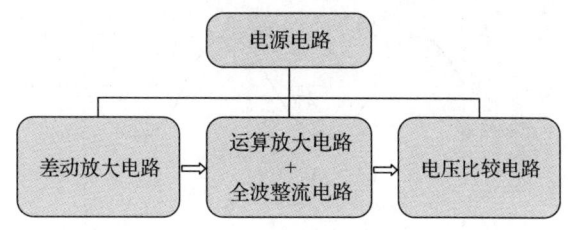

图 2—1 放大、整形、比较电路框图

2. 稳压电源：直流电压 24V（可调）。

3. FLUDE 123 示波器 1 台。

4. 信号发生器 1 台。

5. 实验板 1 块。

6. 元器件若干。

操作步骤

步骤1　准备工作

1. 穿戴好劳动防护用品。

2. 正确选用电子元器件和其他实验材料。

3. 正确选用实验板。

4. 正确选用电源电压：直流 24 V 可以调节。

5. 正确使用 FLUDE 123 示波器。

6. 正确使用信号发生器。

步骤2　搭建电路

1. 根据图 2—1，设计电路原理图。

2. 按照电路原理图，在实验板上搭建放大、整形、比较电路。

步骤3　叙述原理，绘制波形

1. 第一级，差动放大电路。差动放大电路的基本功能是进行校验信号的放大（将小信号放大成大信号），同时减小零点漂移和抑制干扰，使输出信号不失真。

2. 第二级，运算放大电路+全波整流电路。运算放大电路的功能是继前一级差动放大电路的校验信号继续进行第二级的信号放大，并将正弦波信号整流为全波信号，如图 2—2 所示。

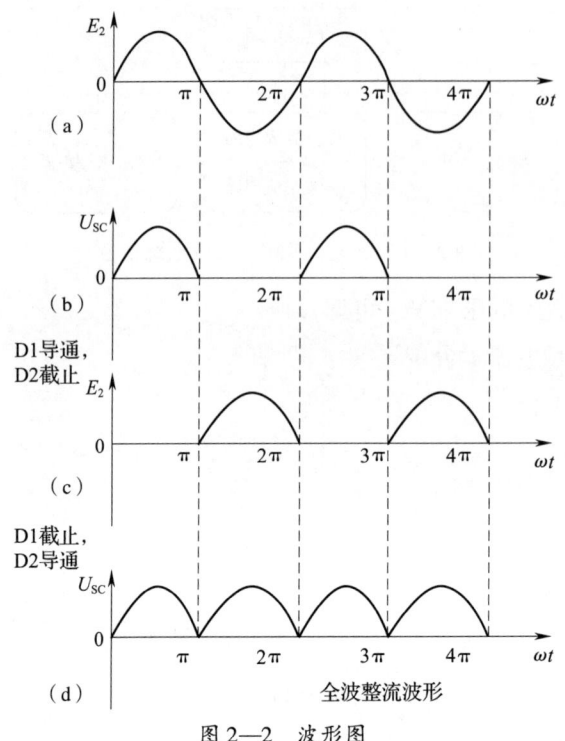

图 2—2 波形图

3. 第三级，电压比较电路。比较器的基本功能是对两个或两个以上模拟输入信号电平值进行比较，并输出电平的两个极端值（低电平或高电平）表示比较的结果。比较器不但可以组成非正弦波变换电路或非正弦波振荡电路，还可以应用在模拟与数字信号转换电路。电压比较波形如图 2—3 所示。

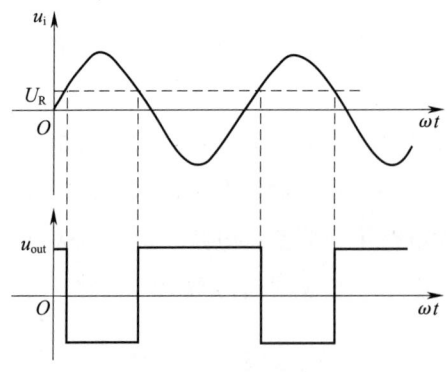

图 2—3 电压比较波形

4. 电源电路提供各级电路使用的 ±5 V 电源。

步骤 4 检测报告

对以上内容进行检测,写出检测报告。

注意事项

1. 所有操作要求符合规程,操作应采取正确的步骤、方法。
2. 严禁违规操作,以防止造成设备、人员损伤。
3. 操作完毕后,设备工具应复位,并做好清洁工作。

搭接闪光电路

操作准备

1. 闪光电路原理图如图2—4所示。

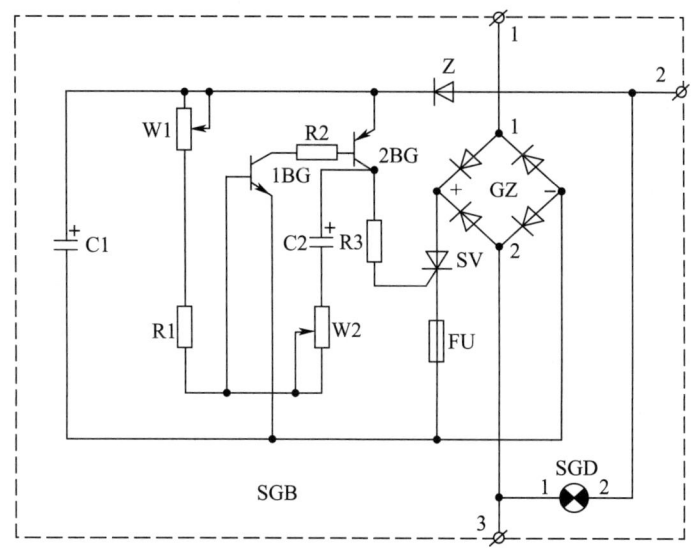

图2—4 闪光电路原理图

2. 电源:交流电压24 V(可调)1台。
3. FLUDE 123 示波器 1 台。
4. 实验板 1 块。
5. 元器件若干。

操作步骤

步骤 1 准备工作

1. 穿戴好劳动防护用品。
2. 正确选用电子元器件和其他实验材料（见表2—8）。

表2—8　　　　　　　　　　　　实验材料

序号	元器件符号	元器件名称	元器件型号、规格
1	1BG	三极管	3DG12B
2	2BG	三极管	3CG8E
3	V	晶闸管	3CT－5 A/100 V
4	W1	电位器	WTH－2 150 K 2 W
5	W2	电位器	WTH－2 22 K 2 W
6	C1	电容	CDX－3－C－100 μF/50 V
7	C2	电容	CDX－3－C－20 μF/25 V
8	R1	电阻	RJ－51 kΩ 1/2 W
9	R2	电阻	RJ－1 kΩ 1/2 W
10	R3	电阻	RJ－330 Ω 2 W
11	Z	二极管	2CP23
12	GZ	二极管	2CZ－5 A/100 V　4只
13	SGD	闪光指示灯	XDX1
14	1、2、3	接线柱	JS3

3. 正确选用实验板。
4. 电源电压：交流24 V。

步骤2　搭建电路

根据图2—4在实验板上搭建闪光电路。在搭建时注意二极管、三极管、可控硅和电解电容等器件的极性，若连接错误将导致器件损坏。

步骤3　闪光频率

调节W2，使闪光频率保持在每分钟90～120次的范围内。

步骤4　检测报告

对以上内容进行检测，写出检测报告。

测量 UPS 电池

操作准备

1. 测量 UPS 电池电原理图如图 2—5 所示。
2. 山特 MT1000 UPS 1 台。
3. FLUKE 97 万用表 1 只。
4. FLUDE 123 示波器 1 台。
5. PROVA CM–01 电流表 1 只。

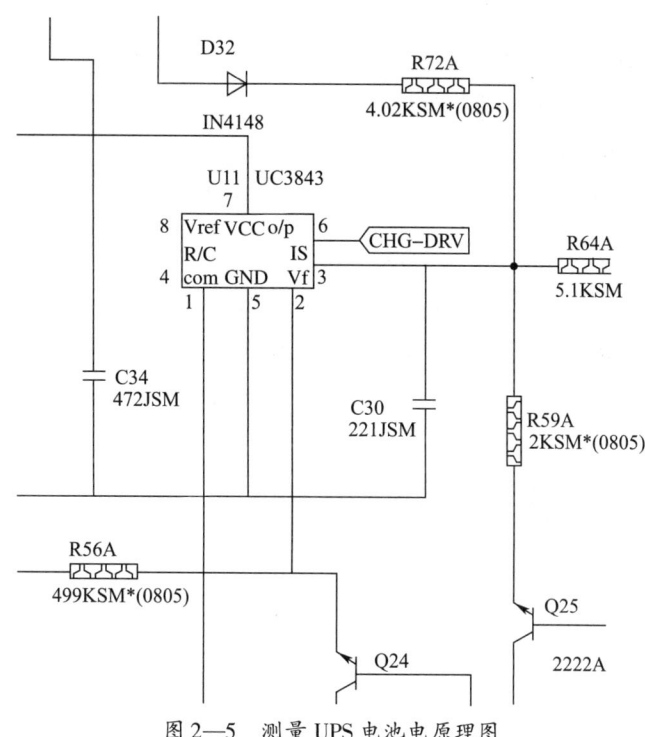

图 2—5　测量 UPS 电池电原理图

操作步骤

步骤 1　电池的浮充电压

使用 FLUKE 97 万用表测量山特 MT1000 UPS 的电池浮充电压（UPS 正常工作模式时）。

步骤 2　电池充电驱动波形

1. 使用 FLUDE 123 示波器测量山特 MT1000 UPS 电池充电电路的驱动波形（UPS 正常工作模式时）。

2．使用 FLUDE 123 示波器测量山特 MT1000 UPS 电池充电电路的驱动波形（UPS 在电池模式下工作）。

3．画出充电电路驱动波形。

步骤 3　测量 UPS 在电池模式下工作时的工作电流

使用 PROVA CM - 01 电流表测量 UPS 在电池模式下工作时的工作电流。

步骤 4　UPS 电池后备时间计算

1．计算电池的放电功率。

2．查表确定该 UPS 的后备时间。

步骤 5　使用仪表，写出检测报告

1．使用 FLUKE 97 万用表。

2．使用 FLUDE 123 示波器。

3．使用 PROVA CM - 01 电流表。

4．写出检测报告。

注意事项

1．所有操作要求符合规程，操作应采取正确的步骤、方法。

2．严禁违规操作，以防止造成设备、人员损伤。

3．操作完毕后，设备工具应复位，并做好清洁工作。

分析、编写 UPS 切换运行流程

操作准备

1．UPS 电源设备 1 套。

2．万用表 1 只。

3．常用工具 1 套。

操作步骤

步骤 1　UPS 的启动时序

UPS 的启动时序如图 2—6 所示。

步骤 2　写出每个时序 UPS 状态

1．初始状态。电源输入供电正常、QM1 断开、QF1 断开、Bypass 开关在 Normal 位置，负载由静态开关供电。

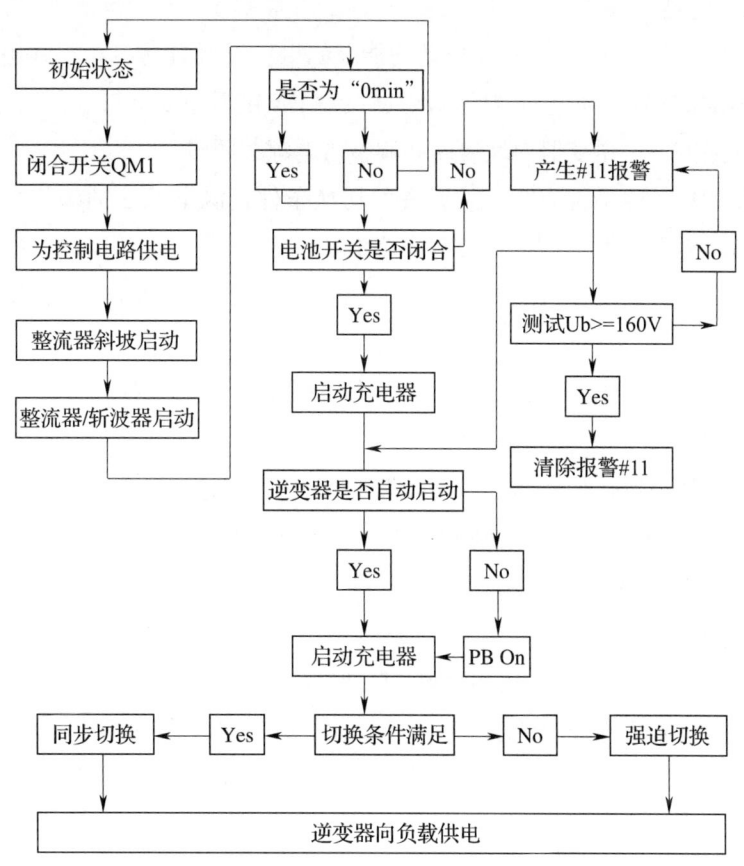

图 2—6　UPS 的启动时序图

2. 闭合电源输入开关 QM1，电池开关 QF1 可以闭合，也可以断开。

3. 开始为控制电路供电。ACFO 或 ACJO 板上 ±15 V、+5 V 开始供电，风机启动（+15 V 供电）。

4. 整流器斜坡启动。逐渐放开 SCR 的控制角，直到全部导通，实现全波整流，C1、C2 上的电压从 0 V 上升到约 ±300 V，斜坡启动过程约需 2 s。

5. 整流器与斩波器启动。整流器斜坡起动完成后起动斩波器。电容 C3、C4 电压由 ±300 V 上升到 ±375 V 左右。

6. 判断是否为"0 min"配置。当 Comet 作为频率转换器时通常设置为"0 min"，即不使用电池组。

7. 判断电池开关是否闭合。主控板检测电池电压是否大于 160 V（DC）；如是，继续进行；如否，转到程序 15，产生报警#11（电池回路故障）。

8. 启动充电器。

9. 判断逆变器是否设置了自动启动功能。如果已设置自动启动，则用户不再需要按动逆变器启动键 ON（绿色）；如未设置，按动 ON 键后逆变器启动。

10. 启动逆变器。逆变器斜坡启动并调整与电源 2 同步。

11. 判断切换条件是否满足。按设置的切换条件检测电源 2 的幅值、频率和相位是否超限，Yes 为继续进行，No 为转到程序 14。

12. 同步切换。产生幅值变换（Uin = UM2），发出 K3N 闭合命令，发出静态开关停止命令。

13. 逆变器向负载供电。K3N 发出响应信号，取消幅值变换，显示正常运行（绿灯亮，无报警代码）。

14. 强迫切换。按住 ON 键，并同时按下"安全"键，静态开关停止工作；产生 0.5 s 的间断；闭合 K3N，然后转到 PB ON，进入充电器启动。

15. 产生#11 报警。充电器启动 1 min 然后停止 1 min。检测电池的开路电压。

16. 测试 Ub≥160 V。Yes 为报警#11 自动复位，并开始 12 小时的充电周期（这时可能已闭合了 QF1，或外部电池组 OK），转到程序 17；No 为报警#11 保留，这时逆变器可以启动并切换，但逆变器指示灯（绿色）不亮，表示负载不受保护，一旦停电，逆变器将停止工作。

17. 清除报警#11 的显示。

步骤 3　作业安全规范

1. 穿戴好劳动防护用品。

2. 正确选用工具。

3. 按要求整理场地。

4. 无违规、违章操作。

注意事项

1. 所有操作要求符合规程，操作应采取正确的步骤、方法。

2. 严禁违规操作，以防止造成设备、人员损伤。

3. 操作完毕后，设备工具应复位，并做好清洁工作。

设计连接两路三相输入电源切换电路

操作准备

三相输入电源切换电路各类元器件 1 套。

操作步骤

步骤 1 准备工作

1. 穿戴好劳动防护用品。

2. 正确选用电子元器件和其他实验材料（见表 2—9）。

3. 24 V 直流电源 1 路。

表 2—9　　　　　　　实验材料

序号	元器件符号	元器件名称	元器件型号、规格	元器件数量
1	XQ	安全型继电器	JWJXC - 480	2 只
2	XJ	错（断）相保护器	XJ10 - 380 V	2 只
3	TA	按钮	LA39 - 11/y	2 只
4	QF	断路器	SF3 - G3 - 30	2 只
5	GZD	指示灯	AD16 - 22B/r31	2 只
6	DXD	指示灯	AD16 - 22B/y31	2 只
7	XLD	指示灯	AD16 - 22B/g31	2 只
8	XLC	交流接触器	LC1 D5011	2 只
9	D	接线端子	AZ1 - 3020	1 根
10	—	导线	—	若干

步骤 2 设计电路原理图

两路三相输入电源切换电路参考图如图 2—7 所示。

步骤 3 输出三相电源

1. 将两路三相电源用 8 根导线接到端子排。

2. 在端子排上将两路三相电源，用 6 根导线一一对应，接到两只三相断路器输入端。

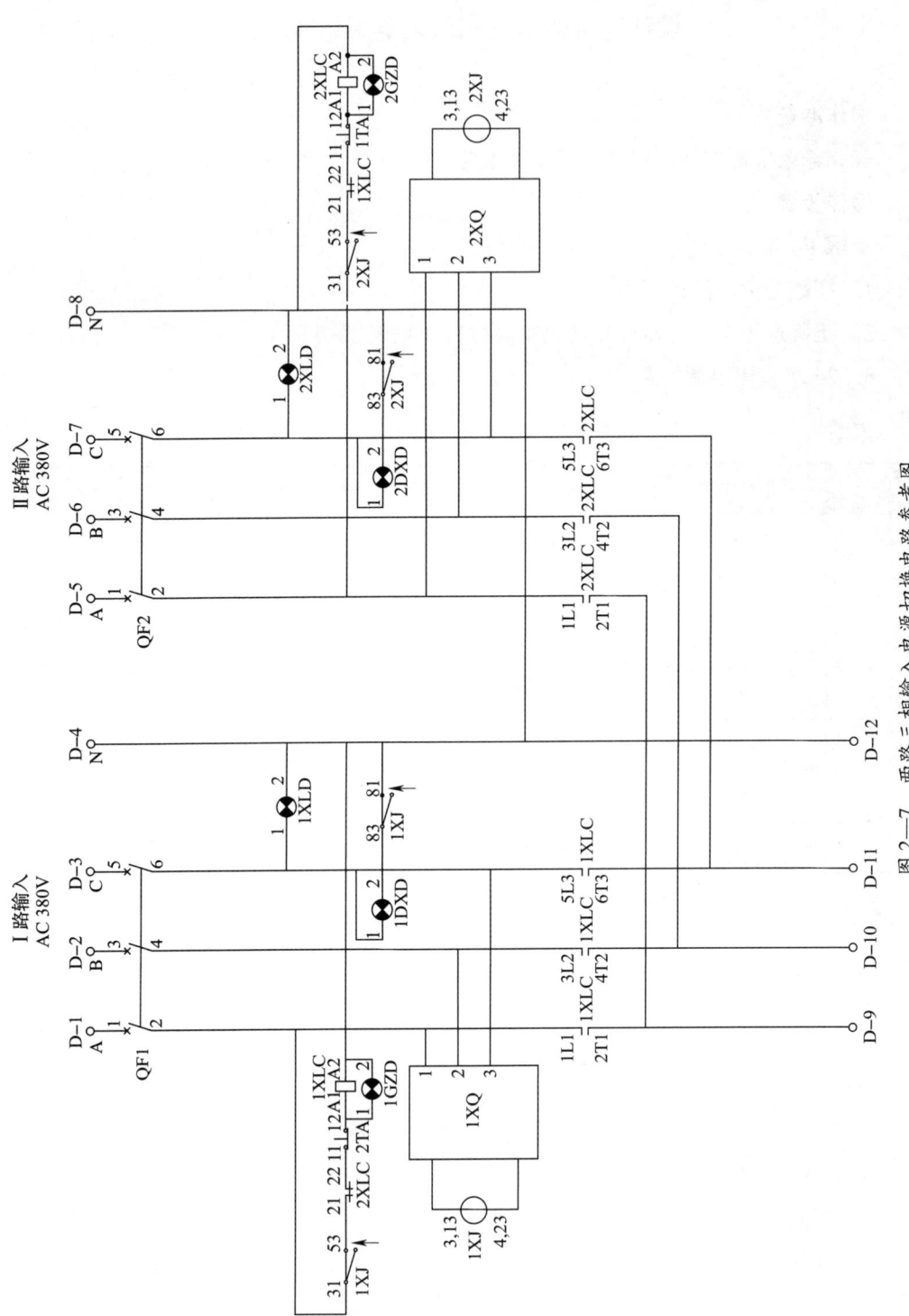

图 2—7 两路三相输入电源切换电路参考图

3. 两只三相断路器输出端，用 6 根导线一一对应，接到两只交流接触器输入主接点端。

4. 两只交流接触器输出主接点端，并联输出三相电压至端子排。

5. 将 1XJ 的前接点和 2XLC 辅助常闭接点，1TA 的 11、12，1XLC 线圈串联后并接在中线和输入三相电源 1 路中的 A 相上。

6. 将 2XJ 的前接点和 1XLC 辅助常闭接点，2TA 的 11、12，2XLC 线圈串联后并接在中线和输入三相电源 2 路中的 A 相上。

7. 将 1QX、2QX 的 1、2、3 接点分别用 6 根导线连接到端子排上两路三相电源。

8. 1XJ、2XJ 线圈与 1QX、2QX 的接点连接，构成回路。

9. 将两只红色指示灯 XLD 分别并联在两只三相断路器输入的 C 相和中线上。

10. 将两只黄色指示灯 GZD 分别并联在两只交流接触器线圈上。

11. 将两只白色指示灯 DXD 和 1XJ、2XJ 的前接点串联分别并联在两只三相断路器输出的 C 相和中线上。

步骤 4 两路三相电源能自动手动转换

1. 两路三相电源能自动手动转换，输出三相电源。

2. 手动时按 1TA 转换至 I 路。

3. 按 2TA 转换至 II 路。

4. 电源错相、断相时自动转换。

步骤 5 灯的显示

1. 红灯有电时常亮。

2. 黄灯工作时亮。

3. 白灯错相断相时灭。

注意事项

1. 所有操作要求符合规程，操作应采取正确的步骤、方法。

2. 严禁违规操作，以防止造成设备、人员损伤。

3. 操作完毕后，设备工具应复位，并做好清洁工作。

2.2 车站设备的验收

知识要求

2.2.1 车站设备安装施工质量的要求

1. 车站设备布置应满足的要求

(1) 设备应采用相对一致的尺寸。

(2) 在非付费区内设备应相对集中,并满足客流流向要求。

(3) 每个付费区内至少设置 1 台补票机。

(4) 每个出入口的检票机数量不应少于 2 台。

(5) 在付费区与非付费区之间应设置大件行李专用通道。

2. 线缆敷设应满足的要求

(1) 线缆敷设

1) 数据电缆、电源电缆、控制电缆的型号、规格、数量和质量应符合设计要求。

2) 数据线缆和控制电缆与电源电缆应分管分槽敷设,线缆出入口处应做密封处理。

3) 配线用的分线设备及附备件的绝缘电阻应符合设备技术条件的规定。

4) 数据电缆、控制电缆、电源电缆在管槽内敷设的质量应符合下列规定:

①管槽内线缆敷设应平直,无扭绞、打圈等现象。线缆在管槽内应无接头。

②3 根及以上绝缘导线敷设于同一根管时,其总截面积(含防护层)不宜超过管内截面的 40%;两根绝缘导线敷设于同一根管时,管内径不宜小于两根绝缘导线外径之和的 1.35 倍。

③线缆敷设时应有一定余量,在设备出线处根据实际情况预留。

④敷设于水平线槽内的线缆,每隔 3~5 m 宜绑扎固定;敷设于垂直线槽内的线缆每隔 2 m 宜绑扎固定。

⑤线缆两端及经过分线盒处应有标签,标明线缆的起始和终端位置,标签应清晰、准确、牢固。

5) AFC 设备的室内配线高度应一致,与其他管线交叉或穿越墙壁和楼板时应进行防护。

(2) 线缆引入

1) 配线设备的型号、规格、数量应符合设计要求，配线设备的绝缘电阻应符合设备技术条件规定。

2) 线缆引入端口的质量应符合下列规定：

①线缆引入时，引入口处应加防护。

②配线设备端子跳线排列应整齐、顺直。

③配线箱底孔引进电缆后应堵牢。

3) 线缆应有明显标志，标明线缆的型号、长度。

(3) 线缆接续

1) 光纤接续应符合下列规定：

①单模光纤接续损耗不应大于 0.1 dB，多模光纤接续损耗不应大于 0.2 dB。

②光纤的弯曲半径不应小于 40 mm。

2) 数据电缆终接应符合下列规定：

①线缆终端在连接前，必须核对缆线标志内容是否正确。

②线缆中间不允许有接头。

③线缆终接处必须牢固，接触良好。

3) 电源电缆接续接线应正确。

4) 电源电缆的芯线与电器设备的连接应符合下列规定：

①截面积在 10 mm^2 及以下的单股铜芯线直接与设备的端子连接。

②截面积在 2.5 mm^2 及以下的多股铜芯线拧紧搪锡或接续端子后与设备端子连接。

③截面积大于 2.5 mm^2 的多股铜芯线，除设备自带插接式端子外，应焊接或压接端子后再与设备端子连接；多股铜芯线与插接式端子连接前，端部拧紧搪锡。

5) 每个设备的端子接线不多于两根电线。

6) 电源电缆的芯线连接管和端子规格应与芯线的规格适配，且不得采用开口端子。

(4) 线缆特性检测

1) 控制电缆线间和线对地间的绝缘电阻值应大于 0.5 $MΩ$。

2) 光纤线路特性指标应符合规定。每根光纤接续损耗平均值 $\bar{\alpha}$ 应符合下列规定：

①单模光纤，$\bar{\alpha}$≤0.1 dB（1 310 nm、1 550 nm）。

②多模光纤，$\bar{\alpha} \leq 0.2$ dB。

光纤线路衰减的测试值应小于光纤线路衰减的计算值。光缆布线链路的衰减（介入损耗）在规定的传输窗口不应大于表2—10的规定。

表2—10　　　　　　　　　　光缆布线链路的衰减

布线	链路长度（m）	衰减（dB）			
		单模光纤		多模光纤	
		1 310 nm	1 550 nm	850 nm	1 300 nm
水平	100	2.2	2.2	2.5	2.5
配线（水平）子系统	500	2.7	2.7	3.9	2.6
干线（垂直）子系统	1 500	3.6	3.6	7.4	3.6

3．设备安装应满足的要求

（1）车站售检票设备安装

1）终端设备的进场质量应符合以下规定：

①设备安装前应对设备进行开箱检查，设备应完整无缺、附件资料应齐全。

②终端设备的型号、规格、质量和数量应符合设计要求。

③终端设备外形完整，表面完好，无划痕及破损；设备的外形尺寸，设备内的各主要部件，以及接线端口的型号、规格应符合设计要求。

④终端设备接地点和设备接地应连接可靠。

⑤终端设备构件连接应紧密、牢固，安装用的紧固件应有防锈层。

2）终端设备安装的质量应符合以下要求：

①设备安装位置应符合设计要求。

②设备安装的通道宽度应符合设计要求。

③各类终端设备周围应留出足够的操作和维护空间。

④设备、底座应安装牢固，底座与地面间应作防水处理。

⑤设备安装应垂直、水平，垂直允许偏差不应大于2 mm。

3）安装于检票机上方的出入导向显示装置（不属于AFC系统的）应安装牢固。

（2）机房设备安装

1）服务器、工作站、交换机、打印机、分拣编码机和机柜的型号、规格、质量和数量应符合设计要求。

2）各种机柜插接件应插接准确、牢固。

3）服务器、工作站、交换机、打印机、分拣编码机的安装质量应符合以下规定：

①安装应稳定、牢固、位置准确，符合设计要求。

②通风散热应符合设计要求。

4）机柜的安装质量应符合以下规定：

①机柜固定牢固，且应垂直、水平，垂直允许偏差应不大于 2 mm。

②同列机柜正面应位于同一平面，允许偏差应不大于 5 mm。

③非标准件颜色与设备颜色应一致。

5）设备的附备件应齐全、完整。

6）设备的机箱漆饰良好，无严重脱漆和锈蚀。

（3）紧急按钮安装

1）紧急按钮安装位置应符合设计要求：与低压电力线最近距离不应小于 300 mm，与水管、暖气管等的最近距离不应小于 600 mm，距建筑物转角的距离不应小于 250 mm。

2）紧急按钮盒的安装应考虑操作方便并有明显醒目的标志，引入电缆或引出线应采用钢管保护。

（4）设备布线

1）设备间的配线线缆的规格、型号应符合设计要求。

2）设备的接地线与工作（联合）地线及保护地线的连接应良好、牢固。

3）设备间的配线线缆不得破损、受潮、扭曲、折皱，配线转弯的弯曲半径不得小于线缆直径的 5 倍，在进、出设备的部位和转弯处应固定牢固。

4）设备间的配线线缆中间不得有接头。连接方式应符合设计要求。

5）设备间的线缆布放应平直、整齐，绑扎应牢固。

2.2.2　车站自动售检票系统验收技术的要求

1. 检票机验收技术的要求

（1）显示界面正常。能充分利用显示屏，使显示界面字体清晰、大小适宜；不允许字节缺损或未按技术规定的要求设计界面。

（2）软件配置应正常。如果是 Windows 操作平台，则可通过后台 TCP/IP 设置设备地址，在 SC 上进行通信验证；也可通过通信接口进行物理通信设置，在 SC 上进行通信验证。

（3）正常单程票、CSC 卡处理功能应正常。显示金额准确；扇门放行准确；连续处理 10 张车票；不转动三杆或通过扇门区，则拒绝接受下一张车票，当转动或通过一次则累加接受一张（注意：60 s 的间隔控制可自动消除交易控制）；有中英文乘客提示信息。

（4）无效单程票、CSC 卡处理。使用无效单程票、CSC 卡时，检票机拒绝放行。无效车票指余额不足车票、过有效期车票、在非收费区使用已进站车票、未赋值车票、故障车票（主要是指信息差错）等。

（5）三杆与扇门控制。单张车票处理完，三杆与扇门放行保持 60 s 有效时间后锁定；连续走票，间隔应该是每走一张车票分别做 1 min 有效计时控制，每超时一次，则删除最前一张车票的控制处理。

1）三杆控制准确。在未进行车票处理空转时，三杆控制间隙准确，禁止乘客进入，但不容许间隙过大或间隙控制不稳定。三杆机构归零控制准确，不容许归零控制缓慢。不容许出现空转、多转或不转的现象发生。

2）扇门控制准确。在未进行车票处理空转时，扇门控制间隙准确，禁止乘客进入，但不容许间隙过大或间隙控制不稳定。左右扇门间隙控制一致。扇门控制准确，不容许间隔控制缓慢或过快不容许出现常开或不开的现象。

3）切断 UPS 电源，观察检票机通道阻挡装置是否打开（三杆落杆或扇门开启）。

（6）票箱切换功能应正常。连续投入多张单程票，检测票箱 1 将满信息；连续投入多张单程票，检测票箱 1 切换；连续投入多张单程票，检测票箱 2 将满信息；连续投入多张单程票，检测票箱 2 切换。

（7）当票箱将满时，出站检票机应向车站计算机告警；当两个票箱全满时，出站检票机将进入只收 CSC 卡模式，同时向车站计算机告警。

（8）紧急模式下，乘客显示屏应显示相应的工作模式，导向指示灯"红灯"不允许进站，三杆落杆或扇门开启。

（9）关闭模式下，乘客显示屏显示相应的工作模式，导向指示灯"红灯"不允许进站。

（10）从关闭模式切换到正常模式，乘客显示屏显示相应的工作模式，导向指示灯恢复正常。

（11）检票机应能正常复位。

（12）时钟同步功能应正常。SC 调整时间，GATE 同步测试；单机设置时钟测试。

2．自动售票机验收技术的要求

（1）显示界面应正常

1）触摸屏上应可显示最多可达512个车站的轨道交通线路示意图，每个车站应具备一定的有效选择区域及间隔距离，必须方便乘客操作及选择，不允许有误选、重叠、漂移现象发生。

2）初始的轨道交通线路示意图应不少于256个车站。以后需要增加车站可通过接收来自清分中心计算机并通过线路中央计算机转发的线路图及修改参数来更新，而无须修改系统软件及增加任何硬件。

3）所显示的信息应同时以中、英文显示，触摸屏显示界面具有中、英文切换功能。

4）乘客触摸标志按钮可选择线路号，在触摸屏上应能立即自动弹出该线路车站。

5）乘客触摸标志按钮可选择目的地车站，在触摸屏上应能立即自动弹出该目的地车站的可选票价、张数的显示框。

6）乘客也可通过触摸屏直接选择票价，在触摸屏上应能立即自动弹出交易金额对话框，选择张数后，相应的收费金额应立即显示在显示框上。

7）乘客也可以通过组合票价键直接选择目的地车站的票价。

8）在未支付足够金额或乘客未确认前，乘客应可按触摸屏弹出框上的取消按钮中止正在进行的交易。

9）在交易金额对话框中，应显示"单价""张数""应付金额""已付金额""找零金额""交通卡金额""交通卡余额""可接受纸币种类""可接受硬币种类"信息，以及"选择张数""返回""取消"命令按钮。

（2）状态显示屏应正常。状态显示屏有中、英文提示，根据设备的模式运营情况相对应进行以下提示：

1）故障模式：提示"暂停服务"。

2）关闭模式：提示"关闭服务"，在维护终端或SC设置"关闭"状态。

3）拒收纸币模式：提示"只接受硬币"，在纸币找零限位测试中检查。

4）只收纸币模式：提示"只收纸币"（现不执行）。

5）维修模式：提示"暂停服务"。

6）暂无找零模式：提示"暂无找零"，在硬币找零限位测试中检查。

（3）纸币购票功能应正常

1）纸币处理模块应能接受13种不同纸币参数设置。

2）纸币可以以 4 个方向任意插入而不影响其检验的正确性。

3）纸币检测器能接受第四版的 5、10、50、100 元、第五版的 5、10、20、50、100 元和以后新发行版本的人民币，并具有极高的识别性能和防伪特性。

4）使用假币进行如下测试：

①先进入假币。先选择票价，识别器打开，绿灯提示，投入假币，识别器拒收，乘客显示屏提示"请投币"，超时 60 s，退出该项服务，乘客显示屏进入原始界面。

②后进入假币：先选择 2∗6 元票价，识别器打开，绿灯提示，投入 10 元真币，再投入 10 元假币，识别器拒收，乘客显示屏提示"请投币"，超时 60 s，退出该项服务，退出原 10 元真币，乘客显示屏进入原始界面。

5）水洗真纸币造成纸币图像模糊，如识别器接受，金额信息应与币额相等，不允许有错误信息；反之，当作假币拒收。

6）投入足额 5 成新以下纸币购票，测试设备是否接收或出现卡币或金额信息出错。

7）可依次发售 9 张车票。选择 9∗6 元票价，识别器可接受 50 元纸币，投入 2 张 50 元，识别器接受，售出 9 张车票，纸币找零器找出 4 张 10 元，硬币循环找零箱找出 6 元硬币，同时乘客显示屏提示"请取出车票和找零"，结束该笔交易，乘客显示屏进入原始界面。

8）取消操作。选择 9∗6 元票价，投入 5 张 10 元纸币，识别器接受，按取消键，纸币识别器应退回原 5 张 10 元纸币，并提示信息，结束该笔交易，乘客显示屏进入原始界面。

投入足额纸币，识别器接受，设备已开始发售车票，按取消键应不响应，禁止发生既售票又退币的现象。

(4) 硬币购票功能应正常

1）能接收 5 角和 1 元硬币。

2）使用假币进行以下测试：

①先进入假币。先选择票价，投币口打开，投入假币，识别器拒收，乘客显示屏提示"请投币"，超时 60 s，退出该项服务，乘客显示屏进入原始界面。

②后进入假币。先选择 6 元票价，投币口打开，投入 3 元真币，再投入假币，识别器拒收，乘客显示屏提示"请投币"，超时 60 s，退出该项服务，硬币暂存器退出原 3 元真币，乘客显示屏进入原始界面。

3）投入硬币值多于购买值，硬币循环找零箱能正确找零。

4）投入水洗或带污垢的硬币做正常购票测试，如硬币堵塞，其位置可能在硬币管道内、暂存器内、循环找零内、找零（退币）管道内（可通过清币发现）。

5）快速投币测试。禁止金额信息出错，如接受硬币不出车票、硬币堵塞、退还硬币又计数的现象发生；测试识别器接收信息的灵敏度（性能指标中已描述）。

6）正常购票测试。

①先选择2*3元票价，投币口打开，投入6元硬币，设备发售2张3元车票，乘客显示屏提示"请取出车票和找零"，结束该笔交易，乘客显示屏进入原始界面。

②先选择2*3元票价，投币口打开，投入6.5元硬币，设备发售2张3元车票和5角硬币，同时乘客显示屏提示"请取出车票和找零"，结束该笔交易，乘客显示屏进入原始界面。

7）取消操作。选择2*3元票价，投币口打开，投入3元硬币，识别器接受，按取消键，硬币暂存器退出原3元硬币，并提示信息，结束该笔交易，乘客显示屏进入原始界面。

投入足额硬币，识别器接受，设备已开始发售车票，按取消键应不响应，禁止发生既售票又退币的现象。

(5) 纸币、硬币、IC卡混合购票和找零功能应正常

1）先用硬币，后用纸币，确保其售票和找零准确。

2）先用纸币，后用硬币，确保其售票和找零准确。

3）先插入IC卡或后插入IC卡如余额不足退出服务并退币；先投入硬币和（或）纸币，再插入IC卡（足够余额），检查交易金额是否准确。

4）同时使用硬币和纸币，应可接受，禁止出现死机或金额信息出错。

(6) 纸币找零限位功能应正常

1）本机设置纸币找零下限位为5张，纸币找零箱放入6张，设备维护终端上应有"纸币找零箱将空"状态信息提示。

2）选择9*6元票价，识别器可接受50元纸币，投入2张50元，识别器接受，售出9张车票，纸币找零器找出4张10元纸币，硬币循环找零箱找出6元硬币，状态显示屏应立即显示"只接受硬币"，设备切换到"只接受硬币"模式下运营，同时乘客显示屏提示"请取出车票和找零"，结束该笔交易，乘客显示屏进入原始界面。下次购票操作无法打开纸币识别器，设备维护终端上应有"纸币找零箱空"状态信息提示。

(7) 硬币找零限位功能应正常

1）本机设置硬币找零下限位为1元10个、5角10个，最多找零数20个；将硬币

循环找零箱清空，硬币1#和2#找零箱分别放入1元15个、5角15个。交易金额对话框中，"可接受纸币种类"只显示5元、10元，设备维护终端上应有"硬币1#和2#找零箱将空"状态信息提示。

2）选择1*4元票价，投入1张10元纸币，识别器接受，售出1张4元车票，硬币1#找零箱找出6个1元硬币，状态显示屏应立即显示"暂无找零"，设备切换到"无找零"模式下运营，同时乘客显示屏提示"请取出车票和找零"，结束该笔交易，乘客显示屏进入原始界面。下次购票操作无法打开纸币识别器，设备维护终端上应有"硬币1#和2#找零箱空"状态信息提示。

3）在"无找零"模式下投入了超过应付票款的币值，则乘客显示屏提示操作错误信息，同时退还已投硬币，结束交易。

(8) 硬币、纸币综合找零限位功能应正常

1）本机设置纸币找零下限位为5张，纸币找零箱放入6张，设备维护终端上应有"纸币找零箱将空"状态信息提示。本机设置硬币找零下限位为1元10个、5角10个，最多找零数20个。将硬币循环找零箱清空，硬币1#和2#找零箱分别放入1元15个、5角15个，设备维护终端上应有"硬币1#和2#找零箱将空"状态信息提示。

2）选择9张6元票价，识别器可接受50元纸币，投入2张50元纸币，识别器接受，售出9张车票，纸币找零器找出4张10元纸币，硬币循环找零箱找出6元硬币，状态显示屏应立即显示"暂无找零"，设备切换到"无找零"模式下运营，同时乘客显示屏提示"请取出车票和找零"，结束该笔交易，乘客显示屏进入原始界面。下次购票操作无法打开纸币识别器，设备维护终端上应有"纸币找零箱空"和"硬币1#和2#找零箱空"状态信息提示。

(9) 票箱切换功能应正常

1）票箱1切换票箱2。将票箱1放置5张车票，票箱2放置满箱，设备维护终端和SC上应有"供票箱1将空信息"，购买车票至票箱1切换票箱2，不允许发生车票堵塞、供不出票、无法切换的现象发生。

2）票箱2切换票箱1。将票箱2放置5张车票，票箱1放置满箱，设备维护终端和SC上应有"供票箱2将空信息"，购买车票至票箱1切换票箱2，不允许出现车票堵塞、供不出票、无法切换等现象。

(10) 寄存器、明细账查询功能应正常

1）清空纸币钱箱、纸币找零箱、硬币暂存器、硬币回收箱、硬币循环找零箱、硬币备用找零箱，并将所有寄存器运营数据清零。

2）硬币备用找零箱放置20枚1元硬币、20枚5角硬币（共计30元），纸币找零箱放置10张10元纸币（共计100元）。

3）准备120枚1元硬币、20枚5角硬币（共计130元）：购买10张3元车票，10张4元车票、6张5元车票、5张6元车票。

4）记录IC卡余额，并购买10张3元、10张4元。

5）准备8张5元纸币、10张10元纸币、5张20元纸币、2张50元纸币（共计340元）：购买30张3元车票、30张4元车票、20张5元车票，5张6元车票（在购票时必须记录找零数，最后将找零币完成购买数）。

6）通过维护终端菜单或指令显示能储存20条以上最新的交易过程明细记录，供管理人员查询。记录内容应包括：每条交易记录包括交易时间接受纸币金额、接受硬币金额、接受储值票ID、储值票扣款金额、车票单价、车票张数、纸币找零金额、硬币找零金额等，以及故障和非正常交易等情况。

7）通过设备维护终端查询寄存器数据。例如，单程票出售数为50张3元车票、50张4元车票、26张5元车票、10张6元车票，发售金额为540元，硬币回收箱数+循环找零数+备用找零数=140枚1元硬币+40枚5角硬币=160元，纸币钱箱+纸币找零钱箱=8张5元纸币+20张10元纸币+5张20元纸币+2张50元纸币=440元，现金交易金额为470元，IC卡交易金额为70元，清点车票数是否相符，核对硬币找零寄存器数和纸币找零寄存器数与记录是否相符。

8）核对寄存器数与明细是否相符。

9）注意硬币回收数是否与设备设置的回收参数相一致（一般设置50枚一回收）。

10）清空所有钱箱，检查实收是否相符，是否存在钱币堵塞现象。

(11) 关闭与开启服务模式功能正常（状态显示器能动态显示TVM运营状态）

1）单机设置。通过维护终端菜单命令或操作码指令设置单机关闭，设备显示"关闭服务"。

2）SC设置。通过菜单命令设置单机关闭，设备显示"关闭服务"及SC状态提示。

(12) 自动售票机复位功能应正常。通过维护终端可实现工控机复位和状态复位。

(13) 连续性差错检查。自动售票机在对车票赋值时，如果有效性检查及校验失败，车票应被送到废票箱，同时设备应尝试再次发售车票。如果连续出现检查或校验错误的次数达到参数设置次数时，设备应暂停服务并报告车站计算机，已投入的或多余未完成的纸币、硬币返还给乘客。

1）连续出错（进入暂停服务），查询明细交易是否记录，是否为合法交易（禁止）。

2）先出错（出错次数在参数设定范围内）后成功（继续服务）。

3）购买多张票时，先成功，后未完成的交易（出错次数超过参数设定范围内），则暂停服务，查询明细交易是否记录，是否为合法交易（禁止）。

4）低于车票数量下限值时购买车票，完成最后一笔交易后退出服务。

5）购买多张票时，在购票过程中出现钱币堵塞（进入暂停服务）故障，测试中具体描述。

6）IC卡购票时车票阻塞（进入暂停服务）故障，测试中具体描述。

7）购买多张票时，在购票过程中出现车票阻塞（找零后进入暂停服务）故障，测试中具体描述。

（14）操作密码等级权限设置

1）维护密码无法进行纸硬币更换、清除钱币或加值操作，只能进行状态查询、复位等维修操作，如果进行钱款操作则终端显示ID错。

2）票款人员登录和操作权限。

（15）时钟同步功能。SC调整时间时TVM可以同步测试，单机可以设置时钟测试。

3. 人工售（补）票机验收技术的要求

（1）3种登录权限。人工售（补）票机操作系统有3种登录权限：售票人员、管理人员和维护人员。

（2）数据储存功能。人工售（补）票机操作系统记录所有人员的登录及退出数据，包括登录人员名单、登录及退出时间、车票处理统计数据、现金处理统计数据等，并可在班次报表中反映出来。在操作员班次结束时，由管理人员操作生成班次报表，供票务和现金的交接和审计。人工售（补）票机能记录及统计各种车票处理所涉及到的数量、金额。

（3）打印功能。人工售票机打印功能可以进行一组打印，也可以逐个打印。

（4）读卡器。人工售票机配置具有单程票和CSC卡处理能力的读卡器。

（5）模式切换。根据人工售（补）票机安装位置的不同，可设置成售票模式和补票模式（BOM/EFO），两者之间可以进行模式切换。

（6）车票分析。BOM 和 EFO 有效车票分析，操作显示器及乘客显示屏根据车票分析情况显示相关信息，如单程票、CSC 卡和其他有效票种。

BOM 无效车票原因分析，操作显示器及乘客显示屏根据车票分析情况显示相关信息：黑名单车票、已进车站车票、过有效期车车票、金额不足车票。

EFO 无效车票原因分析，操作显示器及乘客显示屏根据车票分析情况显示相关信息：黑名单车票，过有效期车车票，已出站 CSC 卡，超时 CSC 卡，欠费、超时车票。

（7）BOM 更新功能。在当日非付费区持出站码的票在参数设定时间范围内免费更新，在参数设定时间范围外付费更新，持过期出站码的 CSC 卡付费更新。

（8）EFO 更新功能。在付费区内车票超时付费更新，在付费区内欠费车票付费更新。

（9）车票最大罚款额。车票同时存在两种或两种以上需要更新的项目，应能以最大罚款额项目处理。

（10）售票、赋值与 CSC 加值。人工售（补）票机应能按系统设置发售已初始化但未赋值的车票，乘客显示屏应显示相关信息，并有操作确认声音提示。人工售（补）票机应能在对储值票的有效性分析后，选择需加值的金额，对储值票进行加值，并有操作确认声音提示。CSC 卡付费完成超时更新后，余额为负值，先放行，等此卡加值后再出站更新。

（11）无效车票的提示信息。无效车票出售，有相应的提示信息：有余值、读错误、数据校验错误、状态错、黑名单车票或 CSC 卡。

（12）EFO 发售车票功能。EFO 模式下可以发售免费出站票和付费出站票。

（13）时钟同步功能。SC 调整时间时 BOM 可以同步测试，BOM 单机可以设置时钟测试。

4．自动加值机验收技术的要求

（1）与车站计算机间双向通信应正常。

（2）自动加值机应能进行完整的加值操作。

（3）自动加值机应能通过乘客显示器显示所检验卡的卡号、卡内余额、有效期、卡状态等信息。

（4）无效卡进行加值时，应有必要的提示并拒绝加值。

（5）纸币处理模块功能应正常，包括：

1）纸币处理模块可接受纸币种类的参数设置。

2）可接受纸币种类的数量符合设计要求。

3）纸币检测准确率大于99.9%，纸币识别时间应不大于2.5 s，无法识别的纸币应给予退币处理。

4）纸币暂存器的容量符合设计要求。

5）暂停接收纸币、暂停服务或关闭时，投币口应关闭。

（6）自动加值机应能通过显示器显示车票的卡号、卡内余额、有效期、卡状态等信息。

（7）时钟同步功能。SC调整时间时AVM可以同步测试，单机可以设置时钟测试。

5．手持式检票机验收技术的要求

（1）手持式检票机是站务员或工作人员对乘客使用车票进行检票和验票的设备，应能读写轨道交通专用车票、公共交通卡和手机钱包的数据。

（2）手持式检票机为离线工作设备，应有数据传输接口与CC或SC进行数据通信，下载所需的系统参数。

（3）手持式检票机通过数据传输接口将检票的交易数据上传至SC。

（4）手持式检票机使用前需更新系统参数，操作界面上应可显示系统参数的建立时间。

（5）手持式检票机应可在不同的车站及不同的区域（付费区、非付费区）之间移动操作，可人工选择操作的车站及不同的区域。

（6）手持式检票机操作时应可显示检票和查询的相关信息，如票种、票值、历史数据、有效期、无效原因和应收票价等。

（7）所有信息应可以中、英文显示。

（8）手持式检票机采用电池供电，对电池可进行反复充电。

（9）手持式检票机的设计应精巧坚固，不易损坏。

6．紧急按钮验收技术的要求

紧急按钮设置在车站控制室或客服中心的IBP盘上。当按下紧急按钮后，通过IBP盘至每台终端设备（包括自动售票机、自动检票机、人工售票机）的硬线连接，车站全部联网终端设备能在2 s内全部进入紧急模式，检票机全部打开，其他设备退出服务。紧急按钮复位后，所有设备方可恢复正常模式。紧急按钮的操作独立于车站计算机，采用硬线直接控制方式。

车站计算机正常时，能够通过与紧急按钮之间的连线监视紧急按钮的操作情况，并将车站进入紧急模式的信息传送给中央计算机。

紧急按钮功能运行的要求如下：

（1）能用于紧急模式的设置和取消。

（2）接收防灾报警系统或综合监控系统联动信号，并支持手动或自动方式。可为门禁系统等提供联动信号。

（3）紧急按钮按下后有锁紧装置并有声光报警。

2.2.3　联网检测车站设备性能

1．车站设备系统调试

以车站计算机为中心，进行车站设备系统联调试验。

联调试验检验车站计算机与车站售检票设备之间的通信接口功能，包括交易数据、设备状态、故障报警、控制和参数下载等。验证车站计算机采集的数据、统计报表、设备监控的准确性，并考验车站设备的性能稳定性及可靠性。

车站系统调试前，必须完成以下前期准备工作：

（1）SC 主机系统单体功能测试完成。

（2）车站各种售检票设备单机功能测试完成，所有设备处于正常工作状态。

（3）所有软件版本、SAM 卡检查完成。

（4）车站供电系统工作正常，包括双路电源自动切换箱、电源接地、漏电保护等。

（5）车站网络工作正常。

2．车站设备系统调试的主要内容

（1）车站网络测试

1）设备编号和 IP 地址检查、测试。

2）交换机检查、测试。

3）环网测试。

4）SNC 和 SOC 中央连通测试。

（2）系统操作测试

1）指令控制命令。正常服务状态、图像显示、设备标志、运营状态指示 4 类项目测试。设备开关、通行状态控制等设备状态控制测试。

2）运营模式控制：正常、紧急、降级。

3）程序下载更新。

（3）设备故障状态反应及处理。检测车站各种设备故障状态发生时，SC 的响应延时和响应的正确性。所发生的故障主要有通信故障、设备单机故障、读卡器故障、UPS故障、数据堆积故障和传输延时故障等。

技能要求

车站计算机的调试与验收

操作准备

1. 车站计算机（SC）1套。
2. 常用工具1套。

操作步骤

步骤1 检测SOC桌面显示是否正常

1. 系统启动后，直接进入SOC控制台主界面。
2. SOC控制台主界面背景显示为车站布局图，实现监控车站内所有终端设备。
3. 图中使用不同的颜色，以1s为间隔闪烁，显示终端设备的当前工作状态。红色表示停止服务或设备无通信，绿色表示设备正常运营，浅蓝色表示非法入侵，白色表示由操作员关闭（检票机上无箭头显示客流方向）。
4. 标题栏显示车站名称，以及SC和CC的连接状态。
5. 菜单栏显示SOC主要功能菜单。
6. 状态栏显示SOC工作状态及系统时间。
7. 系统启动，标题栏显示"SC已连接"，正常显示车站布局图，状态栏显示"准备好了"，表明SOC控制台就绪，可以正常运行。
8. 当终端设备发生故障时，SOC控制台主界面应即时反映出车站内所有终端设备的故障状态。

步骤2 检测系统签到功能是否正常

1. 选择"开始或登录"菜单，可进入SOC控制台登录界面。
2. 用户输入登录ID和PIN，单击"确认"按钮，登录SOC控制台。
3. 用户输入错误ID或PIN，单击"确认"按钮，提示错误ID或PIN，重新登录，连续出错3次退回原始主界面。
4. 单击"退出"，退出签到界面。

步骤3 检测系统退出签到功能是否正常

1. 选中"开始（结束）"菜单，可进入注销界面。
2. 只注销。单击"只注销"按钮，用户退出使用 SOC 控制台，保留监控界面。
3. SOC 关闭。单击"关闭 SOC"按钮，用户退出使用 SOC 控制台，并关闭计算机 SOC。
4. SOC 与 SC 关闭。单击"SOC 与 SC 关闭"按钮，用户退出使用 SOC 控制台，经过系统设置（一般 SNC 保存数据信息后 5 min）关闭计算机 SOC 和 SNC。
5. 单击"退出"按钮，退出签到界面。

步骤4 检测设备管理功能是否正常

1. GATE 检测

（1）选中菜单或通过单击 SOC 主界面中的 GATE 设备图像，即可进入设备控制界面。

（2）实现对 GATE 设备的当前状态进行监控，显示当前设备的工作状态、机器状态、维护寄存器及收益寄存器数值，选择不同的命令按钮，向所选设备发起操作。

（3）初始化命令：可对该设备进行初始化操作，显示设备初始化信息。

（4）状态命令：可向该设备索取当前的状态数据，显示设备更新状态信息，并更新状态时间。

（5）关闭命令：可向该设备发起关闭命令，显示设备进入"关闭"模式，设备图标为白色。

（6）开启命令：可向该设备发起开启命令，显示设备进入"正常运营"模式，设备图标为绿色。

（7）收益命令：可向该设备索取当前收益数据，显示设备寄存器更新信息，并更新寄存器时间。

（8）维护命令：可向该设备索取当前维护数据，显示设备维护更新信息。

（9）出站命令：可向该双向检票机下发出站模式命令，显示设备进入"出站"模式。

（10）进站命令：可向该双向检票机下发进站模式命令，显示设备进入"进站"模式。

（11）双向命令：可向该双向检票机下发双向模式命令，显示设备进入"双向"模式。

（12）新格式：可向该检票机下发命令，当乘客持有交通卡刷卡进站时，检票机的读写器向交通卡写入进站车站的格式为新格式，同时检票机向车站计算机系统返回命令下发结果。

（13）收益寄存器：显示各类票种的进站与出站票数和总数以及进口与出口被拒绝数。

（14）维护寄存器：显示票箱中的票数、收回的单程车票、收回的测试票等数据。

2．TVM 检测

（1）操作命令：初始化命令、状态命令、关闭命令、收益命令、开启命令、维护命令同 GATE。

（2）收益寄存器：显示各区域售票数与金额、接受的硬币与纸币总金额、累计硬币与纸币找零金额、硬币与纸币回收箱内的金额、硬币与纸币找零箱金额、超付金额、储值票购票张数与金额。

3．BOM 检测

（1）操作命令：初始化命令、状态命令、关闭命令、收益命令、开启命令、维护命令同 GATE。

（2）收益寄存器（交通卡售票或充值）：包括区域售票数、罚款出站次数、收取欠费次数、单程票出站补票次数、其他票出站补票次数、单程票超时补票次数、其他票超时补票数、自由出站票数、单程票售票金额、出站罚款总金额、出站补票收款总金额、超时出站补票收款金额、发放测试票数、分析交易笔数和超程出站补票收款金额等收益寄存器。

步骤5 检测报表功能是否正常

1．显示与打印单个报表，具有统计"运营日期"菜单选择。

2．单个收益报表内容：包括 TVM 售票数及收益汇总表、TVM 钱箱汇总表、BOM 售票运营数量汇总表、BOM 售票现金收益汇总表、BOM 每班操作员运营数量表、BOM 每班操作员现金收益汇总表和 BOM 每班操作员现金收益汇总表等。

3．客流报表内容：包括车站出站收费汇总表、进出车站处理汇总表、进出站客流统计表、TVM、BOM 单程票统计表和 GATE 单程票统计表等。

4．维修报表内容：包括车站设备故障报表和设备操作记录表。

5．打印报表：进入打印报告界面后，可以通过选择打印报表时间并选择生成的报表类型名称的选项来打印相关的报表。

步骤6 检测系统是否能显示

1．全部设备状态：打开界面，立即显示站内所有终端设备当前的工作状态。

退出命令：退出全部设备状态界面，返回初始控制界面。

2. 黑名单：可打开黑名单显示界面，显示拒收的车票类型、编号及拒收状态。

退出命令：退出黑名单显示界面，返回初始控制界面。

3. 车站设置参数：可进入车站设置参数界面，用于显示本车站的线路名称、车站名称、车站编号、车站缩写名、运营开始及结束时间、日终报告时间、收益寄存器及审计寄存器抽取时间、设备设置等车站配置信息。收益寄存器及审计寄存器抽取时间是寄存器数据上传时间。设备设置框内显示的是各通道内所放置的设备名称。

4. GATE 设置参数：可打开 GATE 设置参数显示界面，选择单击需要查询的 GATE 编号，显示该部设备的配置信息、GATE 设备的位置状态、模式参数、设备参数以及高峰期车票类型和非高峰期车票类型数据等基本参数配置信息。

退出命令：退出 GATE 设置参数，返回初始控制界面。

5. TVM 设置参数：可打开 TVM 设置参数显示界面，选择单击需要查询的 TVM 编号，显示该部设备的的位置状态、出售参数、设备参数等基本参数配置信息。

退出命令：退出 TVM 设置参数，返回初始控制界面。

6. BOM 设置参数：可打开 BOM 设置参数显示界面，选择单击需要查询的 BOM 编号，显示该部设备的位置状态、模式参数、设备参数以及高峰期车票类型和非高峰期车票类型数据等基本参数配置信息。

退出命令：退出 BOM 设置参数，返回初始控制界面。

7. GATE 分配参数：可打开 GATE 分配参数显示界面，显示站内所有 GATE 的编组定义和分配参数信息。

退出命令：退出 GATE 分配参数，返回初始控制界面。

8. 显示假日表：可打开显示假日表界面，显示假日开始日期及时间。

退出命令：退出显示假日表，返回初始控制界面。

9. 显示车票类型表：可打开显示车票类型表界面，显示所有种类车票的相同信息，包括罚款条目、可以留在系统的时间、次日宽限期。

退出命令：退出显示车票类型表，返回初始控制界面。

10. 车票参数表：可打开车票参数表界面，显示所选定车票当前或将来的票价规定表、车票有效范围、票价控制、票价、有效期等车票参数及"联乘"优惠等信息。

退出命令：退出车票参数表，返回初始控制界面。

11. 显示票价表：可打开显示票价表界面，显示现在或将来所有票区及对应多条记录的费率值。

退出命令：退出显示票价表，返回初始控制界面。

12. 显示车票区段表：可打开显示车票区段表界面，显示当前本站所对应的目的车站名称及所属的票区码。

将来参数：显示将来版本的车票区段参数。

当前参数：显示当前版本的车票区段参数。

退出命令：退出显示车票区段表，返回初始控制界面。

13. 显示高峰时间表。可打开显示高峰时间表界面，选择记录号及星期，高峰时间表内显示该票种所属的高峰时间参数。

将来参数：显示将来版本的高峰时间参数。

当前参数：显示当前版本的高峰时间参数。

退出命令：退出显示高峰时间表，返回初始控制界面。

14. 检查及索取一票通交通卡交易数据：可打开检查及索取一票通交通卡交易数据界面。

查询：选择某个终端设备，单击"查询"按钮，系统将查询结果显示在查询结果框中。

索取：选择某个终端设备及车票类型，输入开始及结束终端流水号，单击"索取"按钮，系统返回索取状态。

退出命令：退出检查及索取一票通交通卡交易数据，返回初始控制界面。

15. 操作员编号：可打开显示操作员编号界面，显示本站所有操作员的基本信息。

退出命令：退出操作员编号，返回初始控制界面。

16. 参数表版本：可打开显示参数表版本界面，实现对各个车站终端设备参数版本（包括现在版本和将来版本）的查询、同步；检测本节点到所选车站设备之间的通信以及各个终端设备 AFC 应用系统是否正常工作，显示信息编号、参数表编号、参数生效时间和信息名称。

PING：选择执行方节点名称，单击 PING 按钮，系统返回执行结果。

当前参数查询：选择某个执行方节点，单击"版本选择"下拉框，选择"当前参数"，单击"参数查询"按钮，查询结果将显示在"查询结果"栏中。

当前参数同步：如发现"当前参数查询"结果与"版本管理"菜单不一致，可单击"版本选择"下拉框，选择"当前参数"，单击"参数同步"按钮，完成当前参数同步，系统返回参数同步状态。

退出命令：退出参数表版本，返回初始控制界面。

17. 软件版本查询：可打开软件版本查询界面，选择执行方节点，单击"查询"按钮，查询设备各部件的软件主版本号及副版本号。

退出命令：退出软件版本查询，返回初始控制界面。

步骤 7　检测运营功能是否正常

1. 确认报警：可打开确认报警界面，显示设备所设置的事件代码、事件描述信息、事件类别以及事件发生时间，并能清除所选择的设备事件。选择设备编号，在设备事件框内显示该设备设置的所有事件，在结果框中选择需要清除的事件，单击"确认报警"按钮，清除该事件。

退出命令：退出确认报警，返回初始控制界面。

2. 降级模式：可打开降级模式界面。

日期免检：单击"设置日期免检"按钮，设置站内所有终端设备为日期免检模式；单击"取消日期免检"按钮，撤销此模式。

列车故障：单击"设置列车故障模式"按钮，设置站内所有终端设备为列车故障模式；单击"取消列车故障模式"按钮，撤销此模式。

进与出免检：单击"设置进与出免检"按钮，设置站内所有终端设备为进出免检模式；单击"取消进与出免检"按钮，撤销此模式。

欠费免检：单击"设置欠费免检"按钮，设置站内所有终端设备为超程免检模式；单击"取消欠费免检"按钮，撤销此模式。

时间免检：单击"设置时间免检"按钮，设置站内所有终端设备为时间免检模式；单击"取消时间免检"按钮，撤销此模式。

退出命令：退出降级模式，返回初始控制界面。

3. 紧急状态：可打开紧急状态界面。

紧急状态：单击"设置紧急状态"按钮，将站内所有设备设置为紧急状态模式；单击"取消紧急状态"按钮，撤销此模式。

退出命令：退出紧急状态，返回初始控制界面。

步骤 8　检测时钟同步功能是否正常

1. 车站计算机系统的时钟应能与中央计算机系统的时钟同步。

2. 车站计算机应能在规定时间间隔以及启动时与中央计算机进行时钟同步。

3. 车站计算机应能在规定时间间隔、启动时以及车站终端设备启动时向车站设备下发时钟同步指令。

4. 超过 1 min 的差异需记录，并上传至中央计算机。

注意事项

1. 所有操作要求符合规程，操作应采取正确的步骤、方法。

2. 严禁违规操作，以防止造成设备、人员损伤。

3. 操作完毕后，设备工具应复位，并做好清洁工作。

SNC 的调试与验收（联网数据测试）

操作准备

需调试验收的 SNC（带显示器、鼠标、键盘）1 台。

操作步骤

步骤 1 参数下载确认

1. 确保所有参数表是空的，否则可能导致参数接收失败。

2. 确保配置文件 para. ini 中的 CC_NID 和 SC_NID 配置正确。

3. 确保 etc/hosts 文件中的 IP 地址配置正确，否则可能导致设备端收到的 2000 参数内容错误。

4. 上述步骤配置完成后，启动 SNC 应用，约 5 min 后，SC 会接收到所有参数，生效后保存于目录. /snc/parafile/curparafile/。该目录下有 1040、1041、2000、3002、3003、3004、3005、3006、3007、3008、3009、3010、3011、3013、3082、3083、3084、3085、4001、4002、4003、4004、4006、4007、4009、4015、4016 等参数文件。如果目录中某一参数文件不存在，则该参数对应的数据库表结构非最新版本，须更新至最新版本的数据库脚本。

步骤 2 数据收发确认

1. 查看日志. /snc/log/xx/xx_xx_AppLog. txt，日志中有收到来自终端设备 XXXXXXXX 的 XXXX 报文，说明终端设备数据上传至 SC 正常。

2. 查看日志. /snc/log/xx/xx_xx_AppLog. txt，日志中有 XXXX 报文转发 CC 成功，说明 SC 数据上传至 CC 正常。

注意事项

1. 确保 SNC 的软件版本为最新版本。

2. 确保 SNC 的脚本（如"snc""sncstart. sh"等）配置正确。

SNC 系统数据库的安装

操作准备

1. 已安装好 Linux 操作系统的 SNC 主机 1 台（包含显示屏、键盘、鼠标）。
2. 支持 DVD 介质外置光驱 1 台（如主机自带光驱则不需要）。
3. Oracle 数据库服务端光盘或存有服务端安装程序的 U 盘 1 个。

操作步骤

注：步骤 1~4 以 root 用户身份执行。

步骤 1 设置安装使用 oracle 的组和用户

1. 判断"oinstall"和"dba"这两个组是否存在

\# grep oinstall /etc/group；# grep dba /etc/group。

如果以上组不存在，创建这两个组：

\# /usr/sbin/groupadd oinstall；# /usr/sbin/groupadd dba。

2. 查找用户 oracle 的属性

\# id oracle；

若 oracle 存在：# /usr/sbin/usermod -g oinstall -G dba oracle。

若 oracle 不存在：# /usr/sbin/useradd -g oinstall -G dba oracle。

设置 oracle 的密码：# passwd oracle。

步骤 2 创建安装目录

1. 创建两个安装目录

\# mkdir -p /u01/app/oracle   //创建 oracle 程序所在目录

\# mkdir -p /u02/oradata   //创建 oracle 数据所在目录

2. 修改目录的用户和权限

\#chown -R oracle：oinstall /u01/app/oracle

\#chown -R oracle：oinstall /u02/oradata

\#chmod -R 775 /u01/app/oracle

\#chmod -R 775 /u02/oradata

步骤 3 配置内核参数

1. 用编辑器编辑

\# vi /etc/sysctl.conf

添加或修改以下内容：

kernel. shmall = 2097152

kernel. shmmax = 2147483648

kernel. shmmni = 4096

kernel. sem = 250 32000 100 128

fs. file – max = 65536

net. ipv4. ip_local_port_range = 1024 65000

2. 使修改生效

/sbin/sysctl – p

步骤4 设置 oracle 用户的 shell 限制

vi /etc/security/limits. conf

首先，在文件中添加：

oracle   soft nproc   2047

oracle   hard nproc   16384

oracle   soft nofile   1024

oracle   hard nofile   65536

vi /etc/pam. d/login

然后，在文件中添加：

session   required   /lib/security/pam_limits. so

vi /etc/profile

最后，在文件中添加：

if [$USER = "oracle"]; then

　　　if [$SHELL = "/bin/ksh"]; then

ulimit – p 16384

ulimit – n 65536

else

ulimit – u 16384 – n 65536

fi

fi

步骤5 配制 oracle 的用户环境（以下部分须在本机控制台执行）

Su –

xhost +

xhost + 127.0.0.1 0.0

su - oracle

xhost + 127.0.0.1 0.0

1. 启用 xhost，(xhost + 或 xhost -)

$ xhost +

2. 检查 shell 参数是否设置正确

$ echo $ SHELL

3. 修改 bash_profile 文件

$ vi /home/oracle/.bash_profile

4. 在文件中添加

export PATH

unset USERNAME

umask 022

export ORACLE_HOME = /u01/app/oracle/OraHome_1

export ORACLE_SID = orcl

export ORACLE_BASE = /u01/app/oracle

export PATH = $ PATH：$ ORACLE_HOME/bin

export LD_LIBRARY_PATH = $ ORACLE_HOME/lib

export NLS_LANG = 'SIMPLIFIED CHINESE_CHINA. ZHS16GBK'

export PATH = .：$ PATH

5. 保存修改，使修改生效

$ . ./.bash_profile

6. 检查环境变量是否正确

$ umask

$ env | more

步骤6 安装 Oracle（此步骤以 oracle 用户登录）

$ cd /tmp

$ /media/cdrom（或 cdrecorder）/database/runInstaller -ignoreSysPrereqs

弹出 Oracle 安装欢迎界面，如图 2—8 所示。

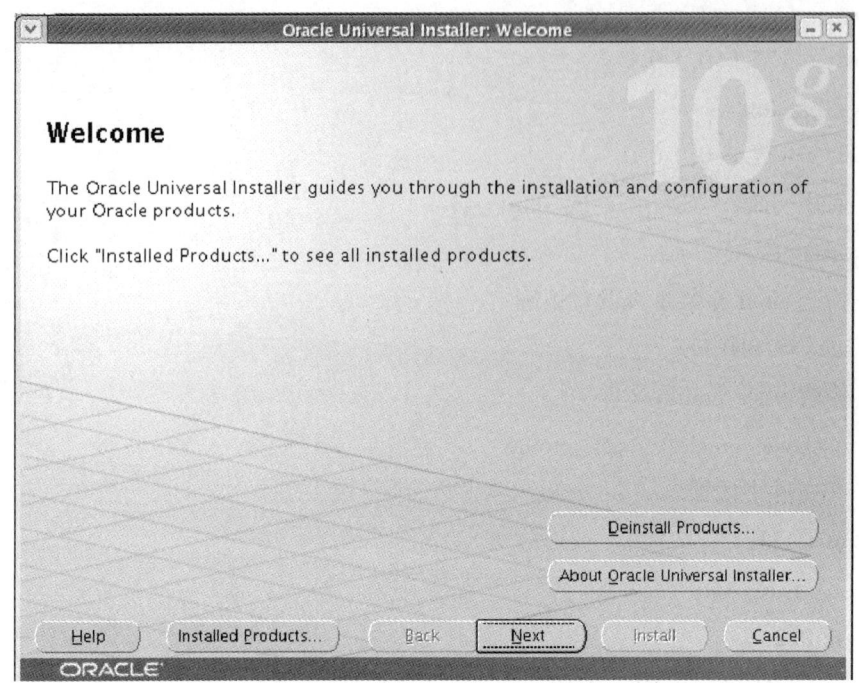

图 2—8　Oracle 安装欢迎界面

注意：安装 10.2 版本不要使用典型安装。应该使用高级安装，否则不能修改数据文件位置和字符集。

系统会提示，以 root 用户身份执行（打开一个终端）：

$ su

Password：（输入 root 用户的密码）

#/u01/app/oracle/oraInventory/orainstRoot.sh（10.2 开始这步在后面执行）

如图 2—9 所示。

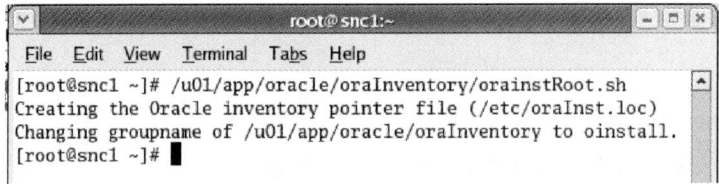

图 2—9　运行 root.sh

默认，单击 Next，进入安装路径界面，如图 2—10 所示。

选择安装版本如图 2—11 所示，单击 Next。

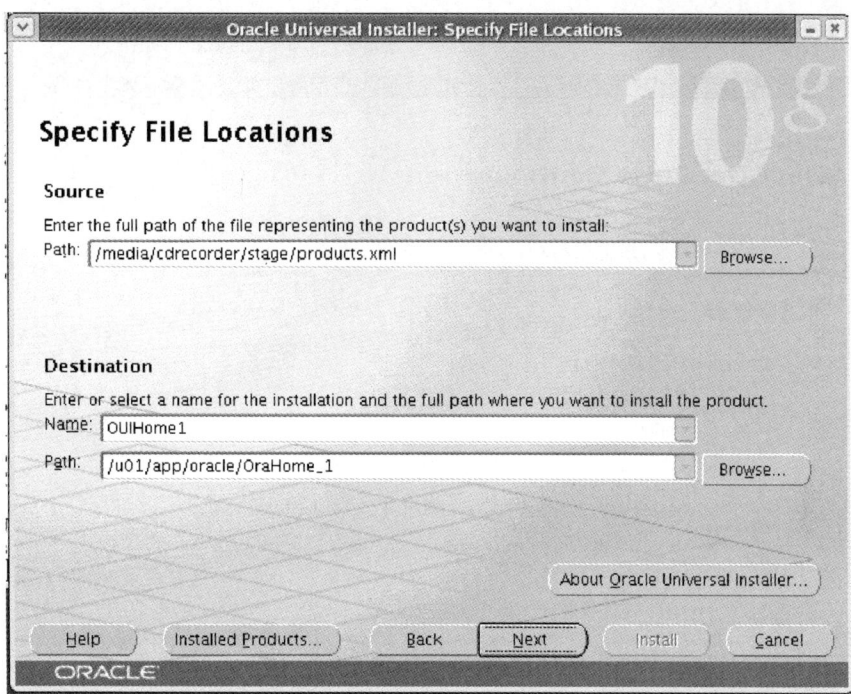

图 2—10 安装路径

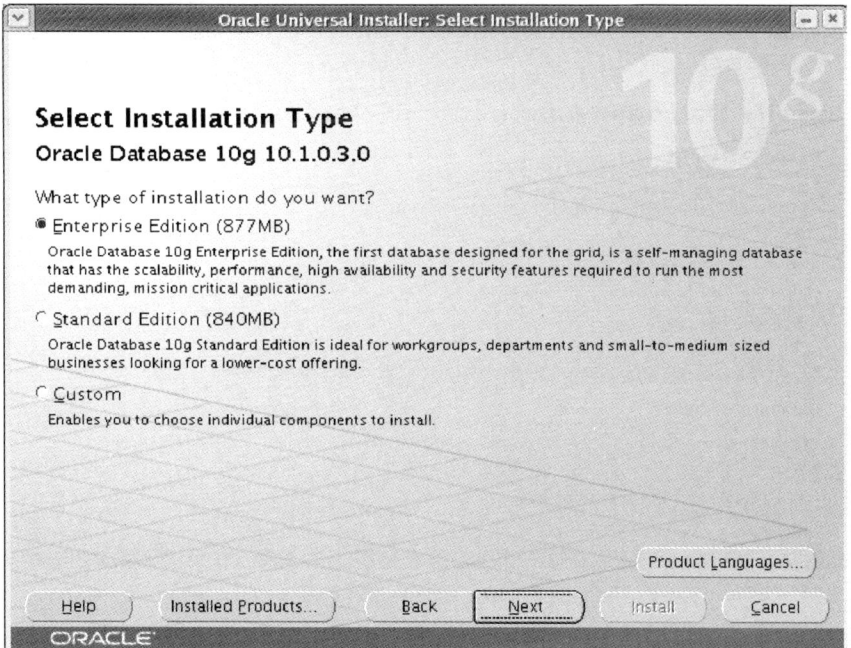

图 2—11 选择安装版本

进入初始数据库配置界面，如图2—12所示，默认，单击Next。

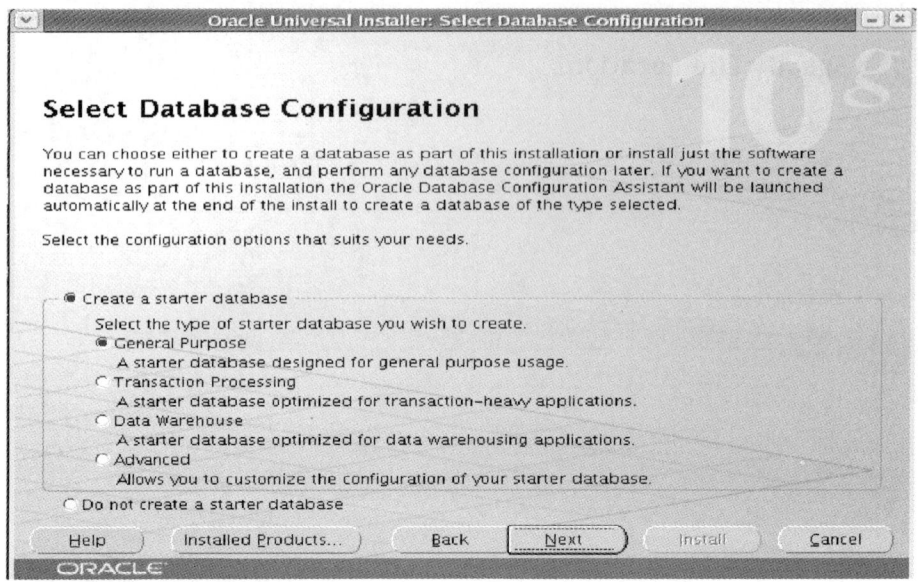

图2—12　初始数据库配置1

进入初始数据库配置界面，如图2—13所示，默认，单击Next。

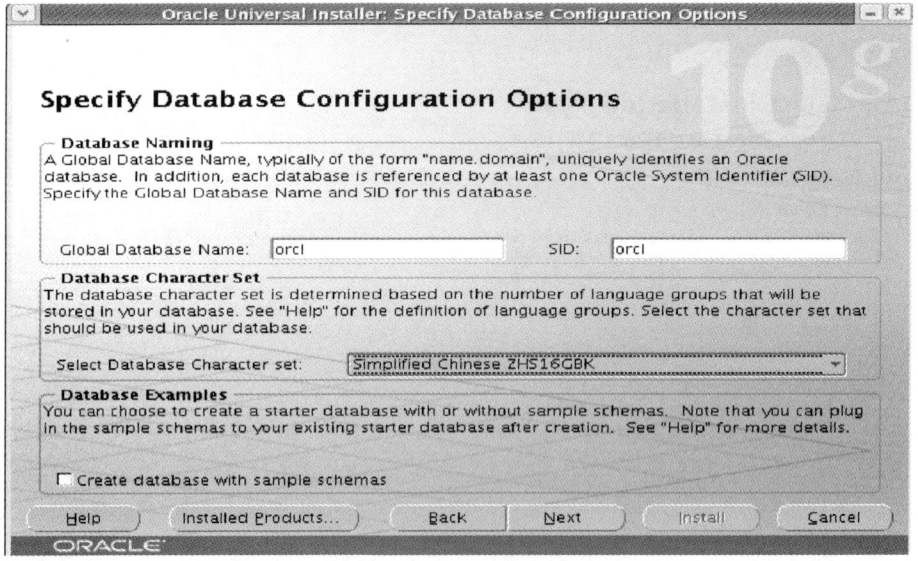

图2—13　初始数据库配置2

进入初始数据库配置界面，如图2—14所示，默认，单击Next。

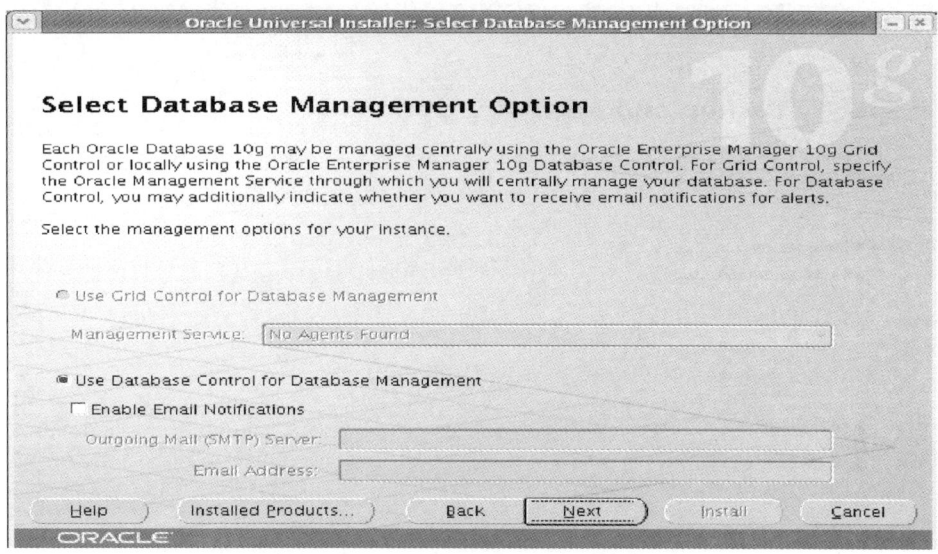

图 2—14　初始数据库配置 3

进入数据文件类型选择界面，如图 2—15 所示，默认，单击 Next。

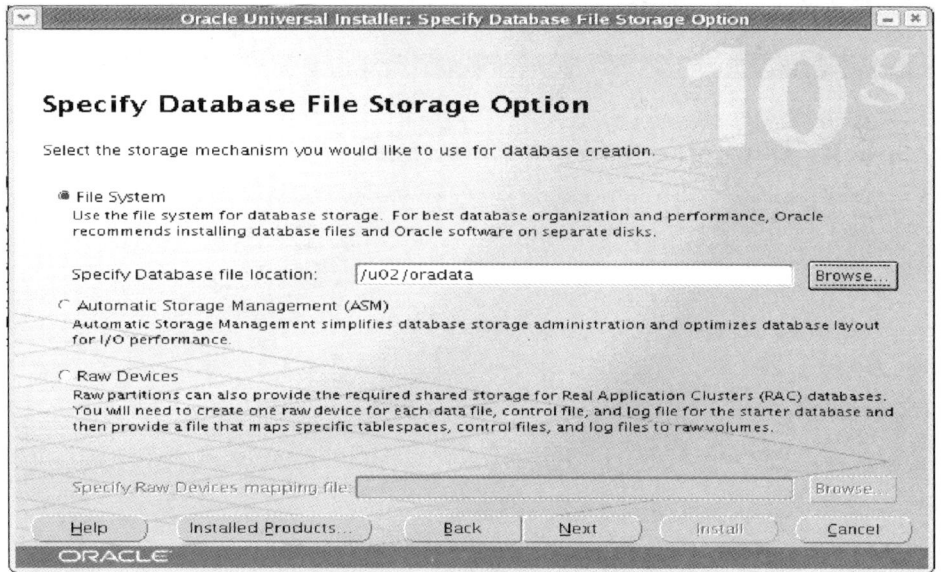

图 2—15　数据文件类型选择

进入备份策略选择界面，如图 2—16 所示，默认，单击 Next。

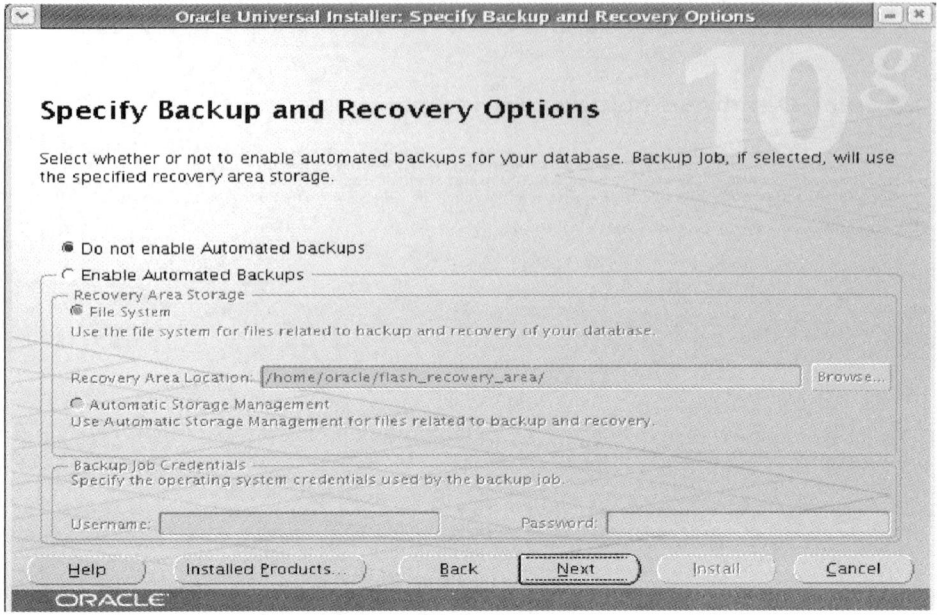

图 2—16　备份策略选择

进入输入密码界面，如图 2—17 所示，输入密码 "oracle"，单击 Next。

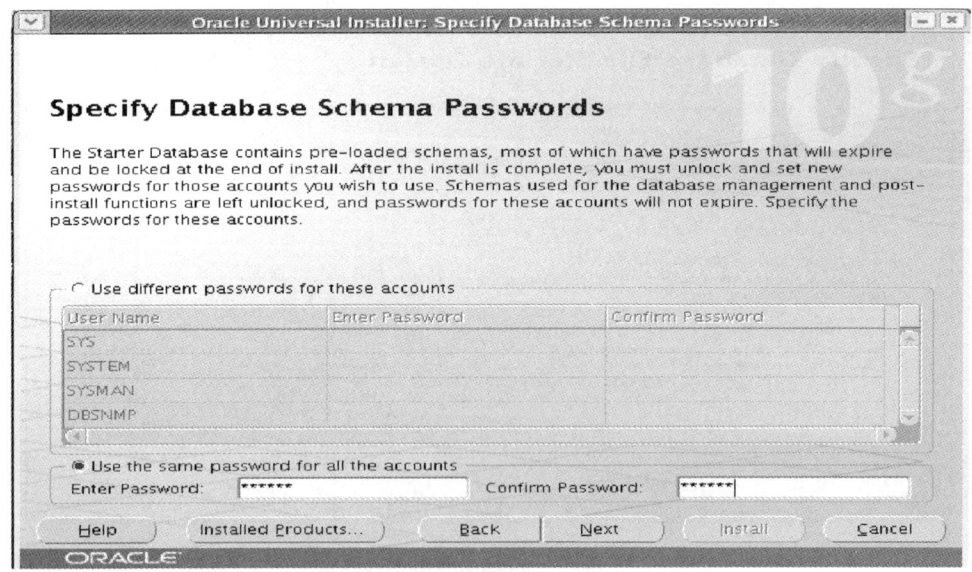

图 2—17　输入密码

开始安装，进入安装进度界面，如图 2—18 所示。

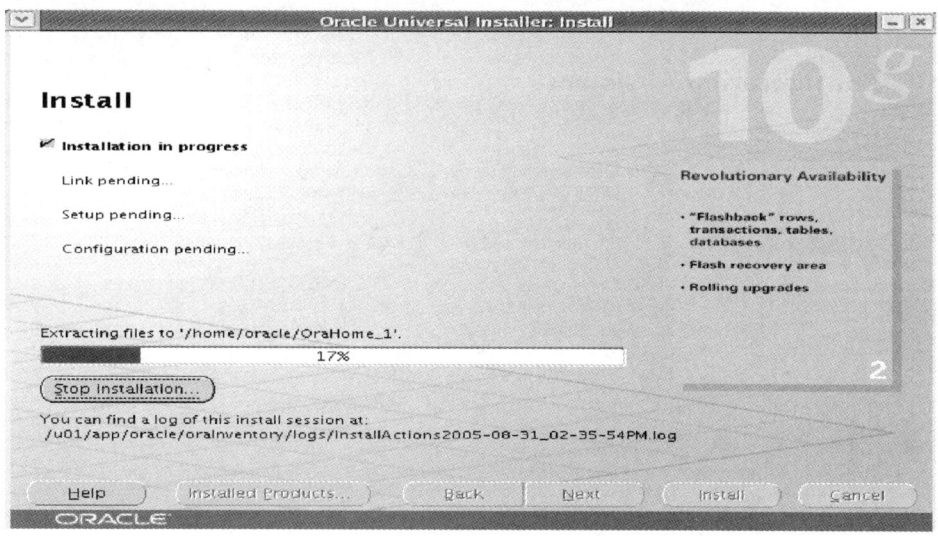

图 2—18　安装进度

安装完毕后，单击 Next，进入配置 DBCA 界面，如图 2—19 所示。

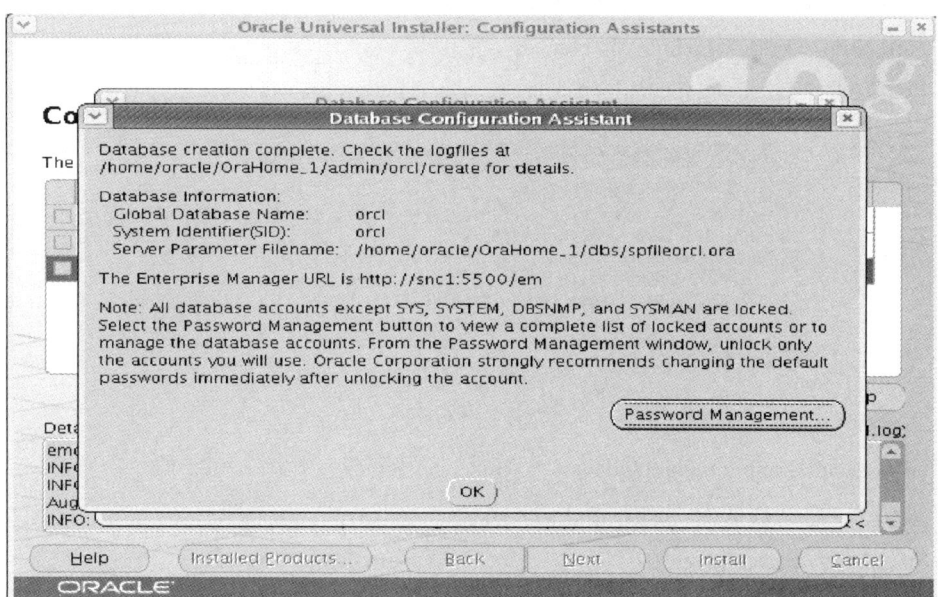

图 2—19　配置 DBCA

单击 OK，进入配置 DBCA 界面，如图 2—20 所示。

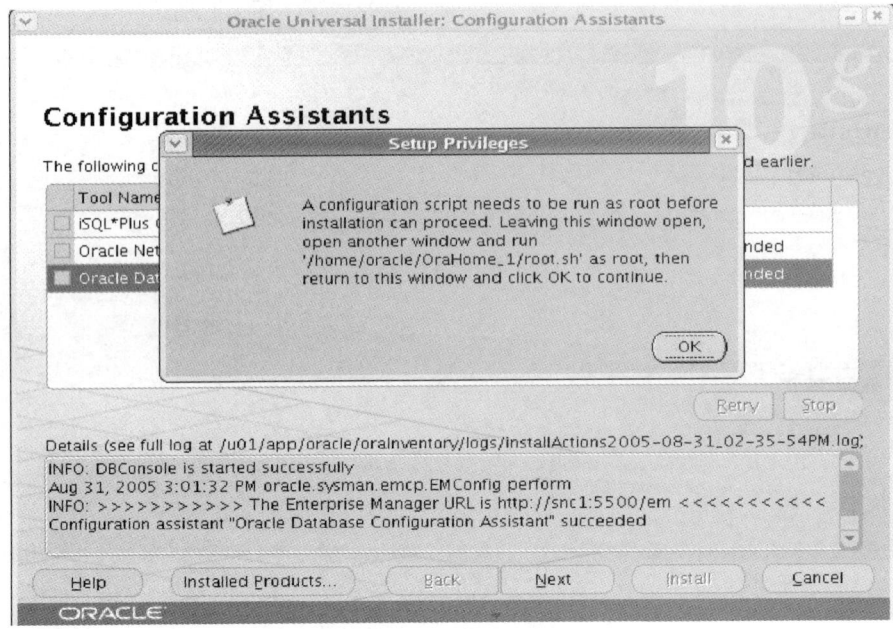

图 2—20　DBCA 配置

打开一终端，以 root 用户身份执行以下命令（根据对话框提示输入不同的脚本）：

/u01/app/oracle/OraHome_1/root. sh

进入运行 root. sh 界面，如图 2—21 所示。

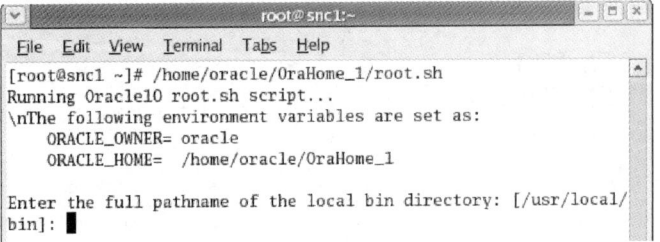

图 2—21　运行 root. sh

再输入/u01/app/oracle/OraHome_1/bin，安装完成，如图 2—22 所示。

步骤7　启动数据库、监听和 dbconsole

$ sqlplus / as sysdba

SQL > startup

$ lsnrctl start

$ emctl start dbconsole

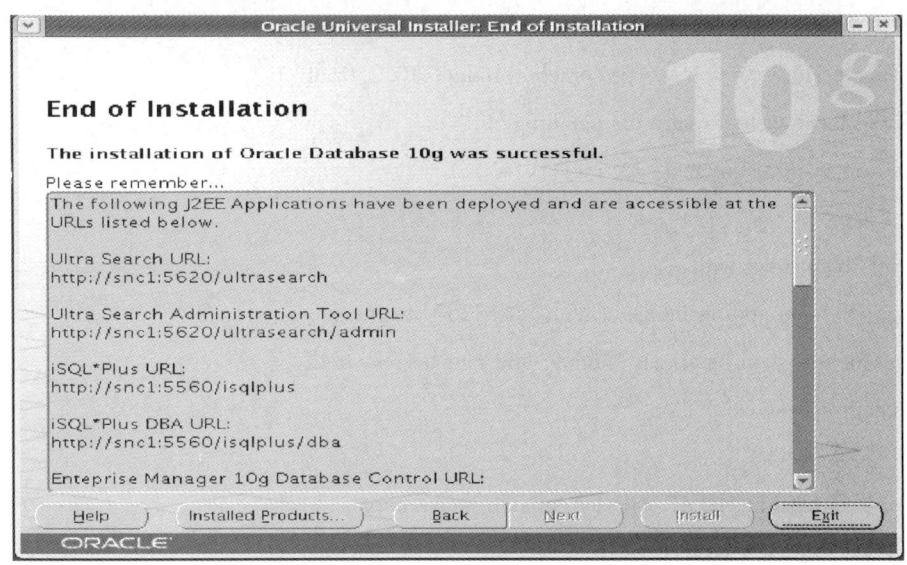

图 2—22　安装完成

注意：如果 Oracle 是 10.2 版本，还需要打假死补丁。

1. 先停止监听 dbconsole 和数据库

$ lsnrctl stop

$ emctl stop dbconsole

$ sqlplus / as sysdba

SQL > shutdown immediate

注意：dbconsole 是在已经安装了 Oracle EM 的情况下需要停止，如果未安装则无须干涉。

2. 安装 patch

$ mkdir $ ORACLE_BASE/patches

$ cd $ ORACLE_BASE/patches

$ rz（SecureCRT 里上传 p4612267_10201_LINUX. zip 文件，其他上传方式也可以）

$ unzip p4612267_10201_LINUX. zip

$ cd 4612267/

$ $ ORACLE_HOME/OPatch/opatch apply

InvokingOPatch 10.2.0.1.0

Please shutdown Oracle instances running out of this ORACLE_HOME on the local system.

(Oracle Home = '/u01/app/oracle/product/10.2.0/db_1')

Is the local system ready for patching?

Do you want to proceed? [y|n]

y（此处输入 y）

User Responded with: Y

ApplySession adding interim patch '4612267' to inventory

The local system has been patched and can be restarted.

OPatch succeeded.

3. 验证 patch

$ $ ORACLE_HOME/OPatch/opatch lsinventory

Invoking OPatch 10.2.0.1.0

Oracle interim Patch Installer version 10.2.0.1.0

Copyright (c) 2005, Oracle Corporation. All rights reserved.

Oracle Home: /u01/app/oracle/product/10.2.0/db_1

Central Inventory: /u01/app/oracle/oraInventory

from: /u01/app/oracle/product/10.2.0/db_1/oraInst.loc

OPatch version : 10.2.0.1.0

OUI version: 10.2.0.1.0

OUI location : /u01/app/oracle/product/10.2.0/db_1/oui

Log file location: /u01/app/oracle/product/10.2.0/db_1/cfgtoollogs/opatch/opatch-2009_Jan_13_11-06-27-HKT_Tue.log

Lsinventory Output file location : /u01/app/oracle/product/10.2.0/db_1/cfgtoollogs/opatch/lsinv/lsinventory-2009_Jan_13_11-06-27-HKT_Tue.txt

Installed Top-level Products (2):

Oracle Database 10g 10.2.0.1.0

Oracle Database 10g Products 10.2.0.1.0

There are 2 products installed in this Oracle Home.

Interim patches (1):

Patch 4612267: applied on Tue Jan 13 11:05:10 HKT 2009

Created on 5 Oct 2005, 13：48：00 hrs US/Pacific

Bugs fixed：

4612267

OPatch succeeded.

表示补丁安装成功。

TEMP 表空间磁盘故障处置

操作准备

可访问 SNC 的计算机 1 台。

操作步骤

步骤 1 查看 TEMP 表空间的数据文件（具体目录位置可能会不同）/u02/oradata/orcl/TEMP01．DBF 的大小，如果其大小不大于 3G，则将其可以扩展的最大值设为 3G，远程访问 SNC。

1．SQL＞ connect / as sysdba；Connected

2．SQL＞ alter database TEMPFILE '/u02/oradata/orcl/TEMP01．DBF ' autoextend on maxsize 3072 M；Database altered

3．SQL＞ exit

步骤 2 如果 TEMP 表空间的数据文件（具体目录位置可能会不同）/u02/oradata/orcl/TEMP01．DB /TEMP01．DBF 的大小已经大于 3G，远程访问 SNC。

1．SQL＞ connect / assysdba；Connected

2．关闭数据库；SQL＞shutdown immediate

3．启动到 mount 状态；SQL＞startup mount

4．删掉 tempfile，具体目录位置可能会不同；SQL＞ALTERDATABASE TEMPFILE '/u02/oradata/orcl/TEMP01．DB' DROP INCLUDING DATAFILES

5．打开数据库；SQL＞alter database open

6．增加 temp 表空间的数据文件；SQL＞ alter tablespace TEMP ADD TEMPFILE '/u02/oradata/orcl/TEMP01．DBF ' size 2048 M；Tablespace altered

7．限制文件最大为 3G；SQL＞ alter database TEMPFILE '/u02/oradata/orcl/TEMP01．DBF ' autoextend on maxsize 3072 M；Database altered

8. SQL > exit

注意事项

1. 目录位置根据实际情况输入。

2. 注意查看提示信息。

车站计算机数据手工导入 CC 的操作

操作准备

1. SOC 1 台。

2. 具有权限的操作员 ID 与密码 1 对。

3. 移动存储介质。

操作步骤

步骤 1 单击工具栏上的"数据迁移"按钮或者单击菜单项"系统管理"→"数据迁移",即可进入数据迁移界面,如图 2—23 所示。

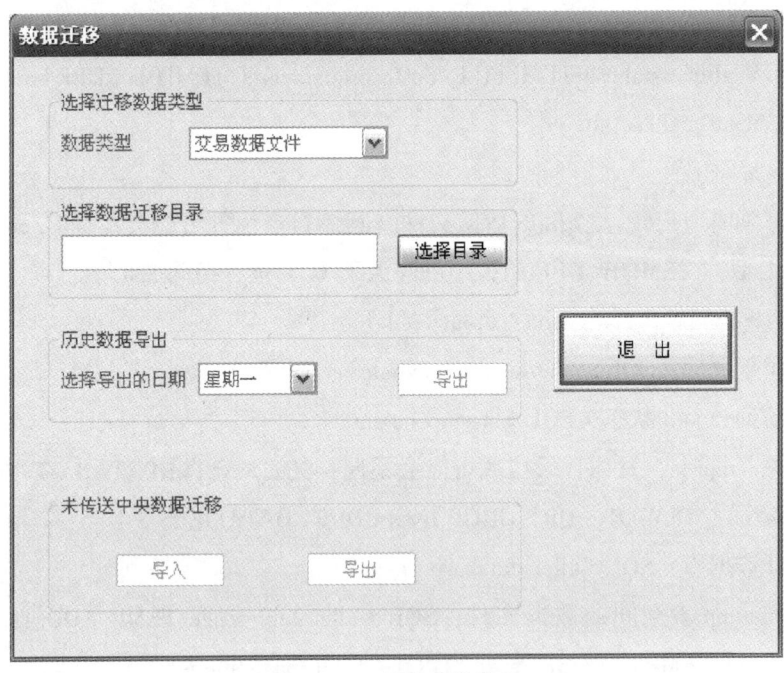

图 2—23 数据迁移界面

步骤 2 选择迁移数据类型。

步骤 3 单击"选择目录"按钮(数据迁移所在的目录)。

步骤 4 选择要导出的历史数据日期。

步骤 5 单击"导出"按钮(迁出历史数据操作)。

步骤 6 单击"导入"按钮(导入数据操作)。

步骤 7 单击"导出"按钮(导出传送中央前置计算机失败的数据)。

步骤 8 单击"退出"或者用鼠标单击对话框右上角"退出"按钮,退出数据迁移界面。

注意事项

1. 从移动介质(或者本地磁盘)进行数据导入时,数据备份到车站计算机主机(SNC)。

2. 数据迁移功能主要用于车站计算机与中央前置计算机网络故障时,把积压的数据"拷贝"到移动介质,然后通过移动介质拷贝到中央前置计算机或者通过本节介绍的方法把数据导入到任何一个与中央前置计算机通信正常的车站计算机。

3. 进行数据拷贝操作时,数据从车站计算机主机(SNC)备份到移动介质(或者本地磁盘)。

4. 在进行拷贝或者导入操作时,不允许退出数据迁移界面。

5. 操作员执行此项操作时,SOC 会写入其相应的操作日志,内容包括操作员号、操作的设备号、操作时间等。

SOC 操作系统和应用软件的安装

操作准备

1. Windows 7 或 Windows XP 光盘 1 张。

2. SOC 主机(包含显示屏、键盘、鼠标、DVD 光驱)1 台。

3. Oracle 客户端安装程序、SOC 安装程序。

操作步骤

安装 Windows 操作系统(以下介绍 Windows 7 的安装,Windows XP 的安装步骤可以参照)。

步骤 1 设置 BIOS

启动SOC主机，不停地按F10（有的是按F12或Esc，不同的主板，设置不同，设置界面也稍有不同），进入BIOS界面，如图2—24所示。

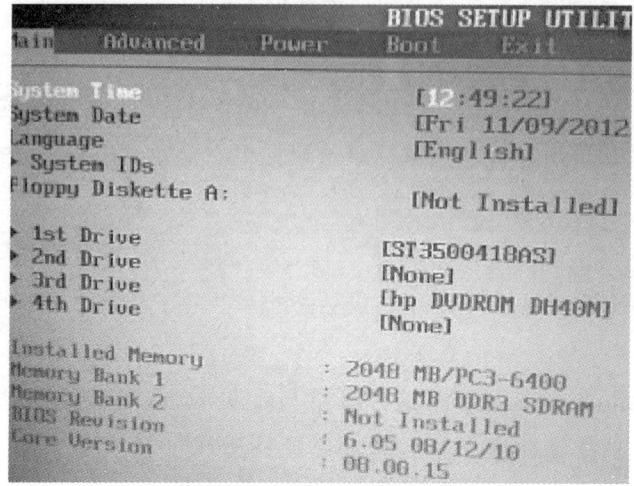

图2—24　BIOS界面

按左右键，选择Boot，回车，进入启动项界面，如图2—25所示。

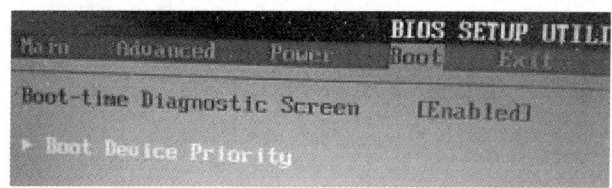

图2—25　启动项

按上下键，选择Boot Device Priority，回车，进入启动项选择界面，如图2—26所示。

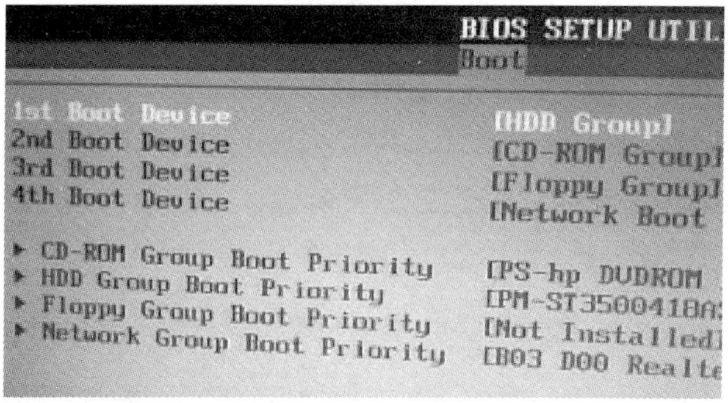

图2—26　启动项选择

现在第一启动项是硬盘，第二启动项是光盘，现在需要把它们的顺序调换一下，回车，进入默认启动项顺序界面，如图2—27所示。

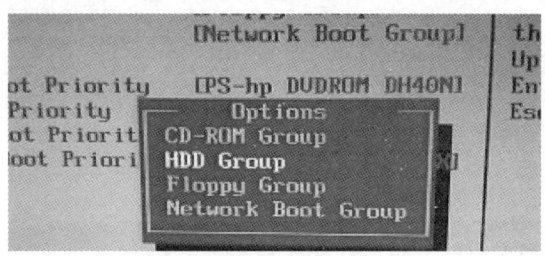

图2—27　默认启动项顺序

按上下键，选择CD‐ROM Group，如图2—28所示。

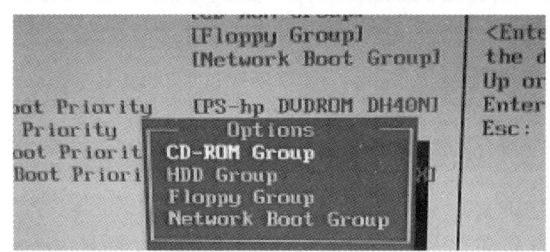

图2—28　选择CD‐ROM Group

回车，进入修改后启动项界面，如图2—29所示。

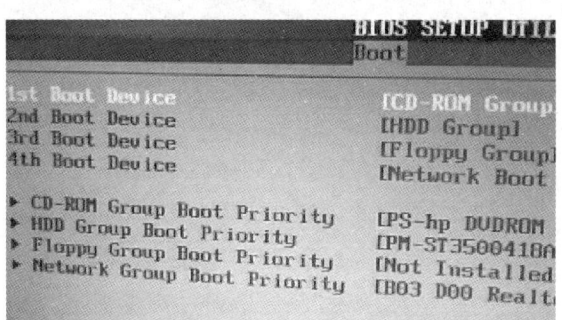

图2—29　修改后启动项

按F10，进入保存配置确认界面，如图2—30所示。

选择OK，回车。

到此，BIOS设置完成。

步骤2　安装Windows 7

打开光驱，放入Windows 7系统盘，重启。重启后如图2—31所示，计算机正在加载安装程序。

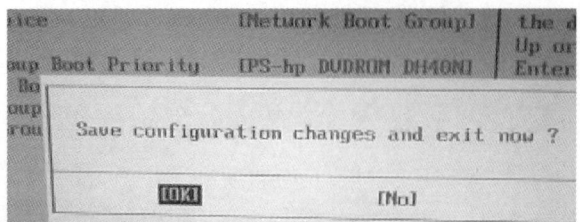

图2—30　保存配置确认

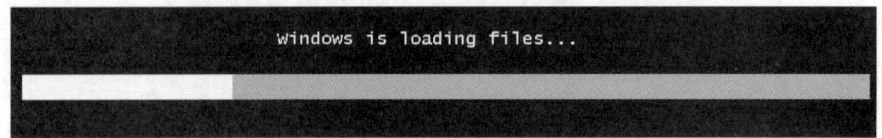

图2—31　加载安装介质

选择"中文（简体）"，单击"下一步"，如图2—32所示。

图2—32　安装前配置

单击"现在安装",如图 2—33 所示。

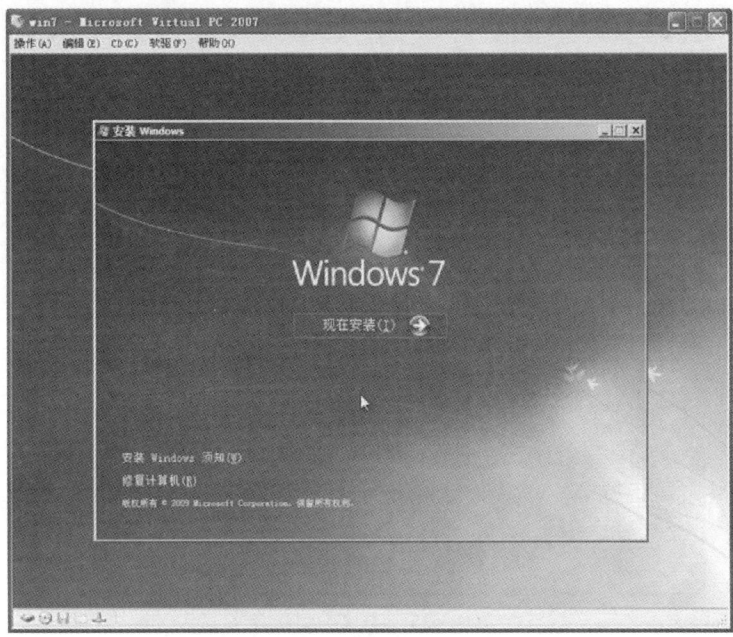

图 2—33　预备安装

在"我接受许可条款"前打"√",单击"下一步",如图 2—34 所示。

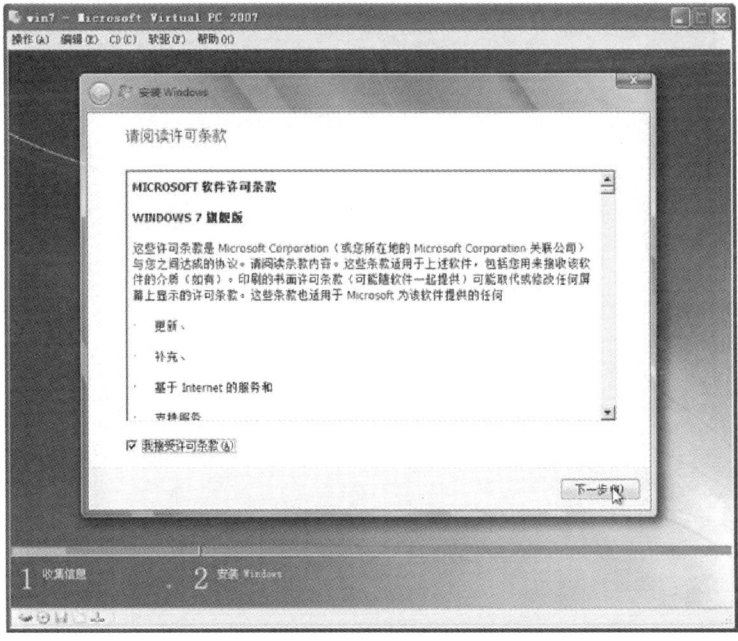

图 2—34　许可协议

选择"自定义（高级）"，如图 2—35 所示。

图 2—35　安装类型选择

按上下键选择准备安装 Windows 7 的磁盘。单击"格式化"后，并选择安装磁盘，如图 2—36 所示。

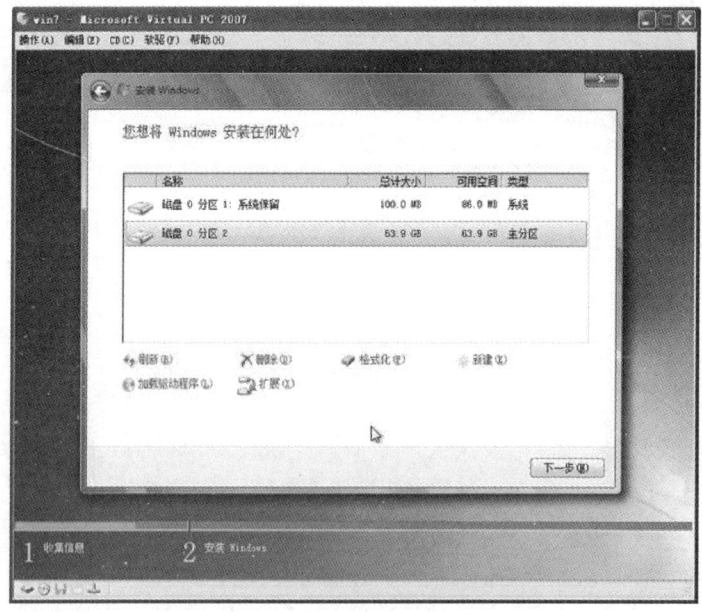

图 2—36　安装磁盘选择

单击"下一步",如图 2—37 所示。

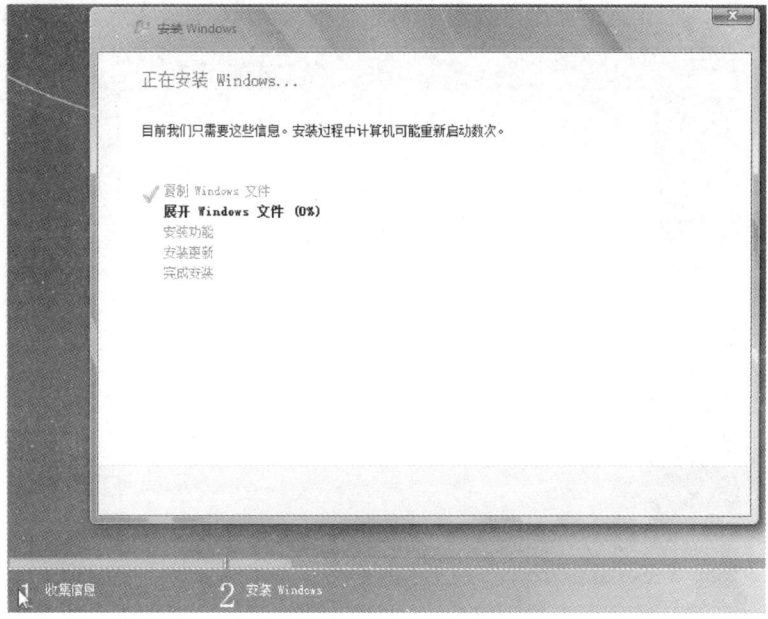

图 2—37　安装 Windows 进度

安装正式开始,请耐心等待,如图 2—38 所示。

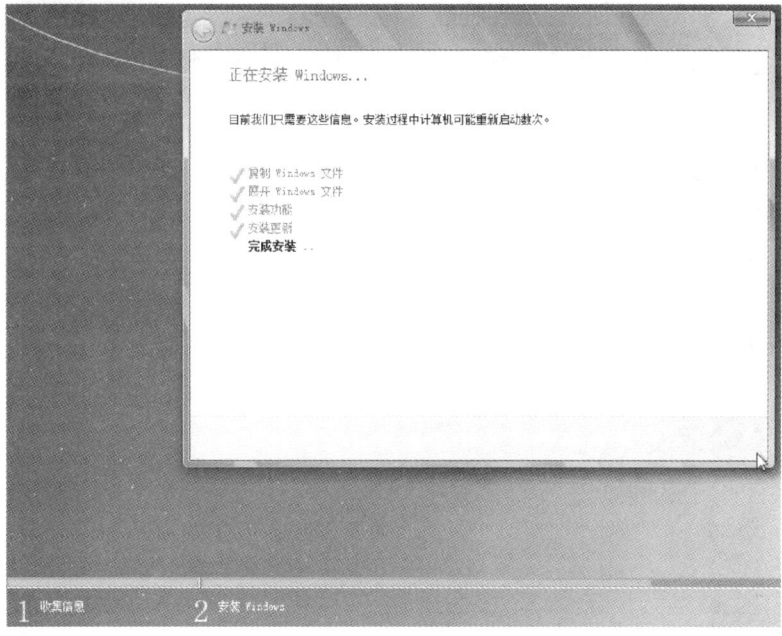

图 2—38　即将完成

注册用户名,单击"下一步",如图 2—39 所示。

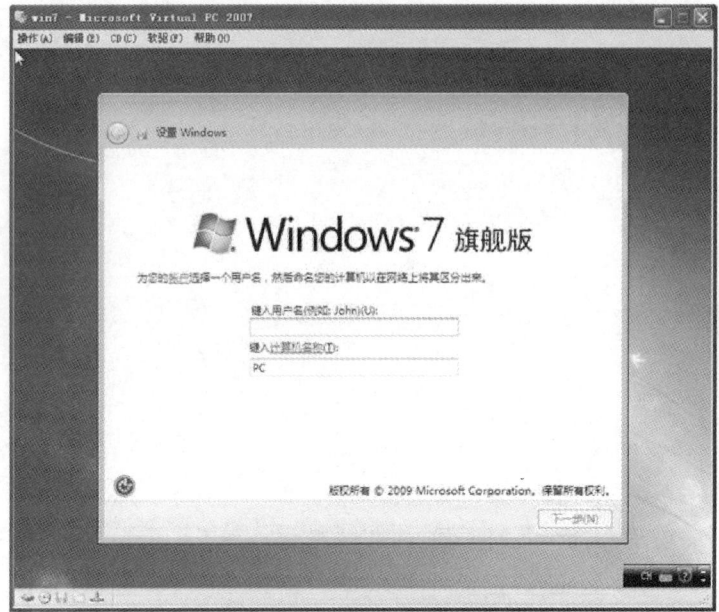

图 2—39　注册用户名

键入密码(一般设置为 hhjt),如图 2—40 所示。

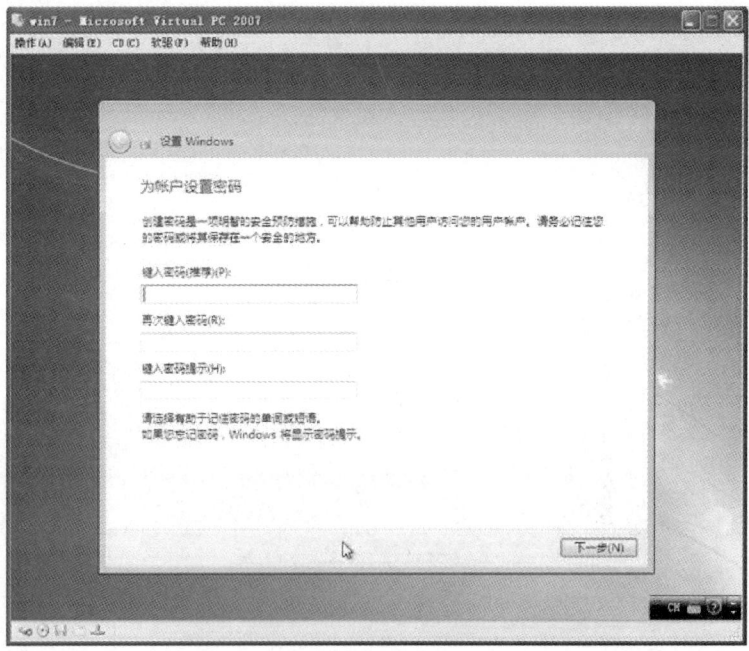

图 2—40　输入密码

输入序列号,如图 2—41 所示。

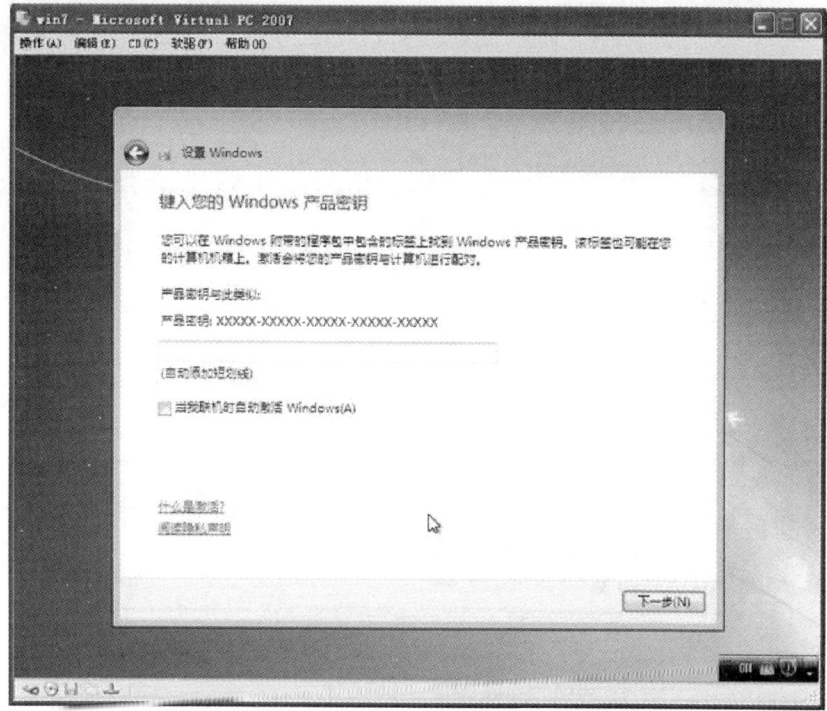

图 2—41　输入序列号

单击"默认设置",如图 2—42 所示。

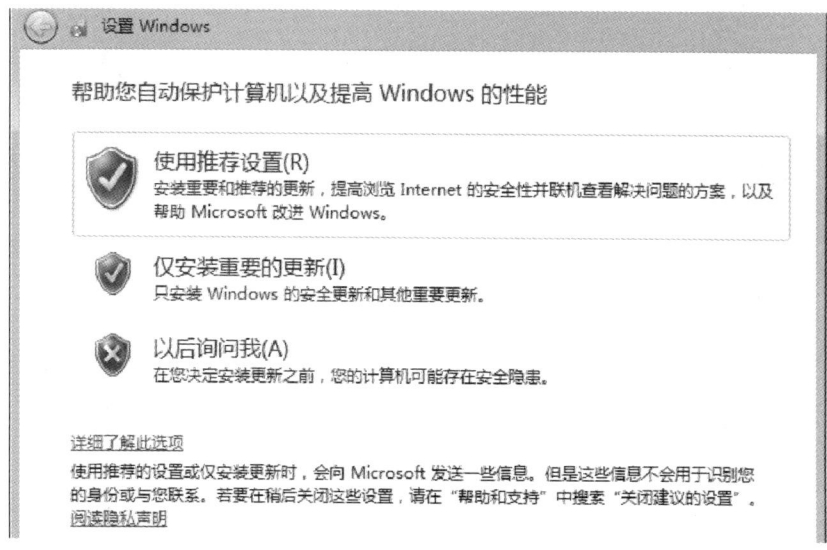

图 2—42　Windows 默认设置

时间设置，如图 2—43 所示。

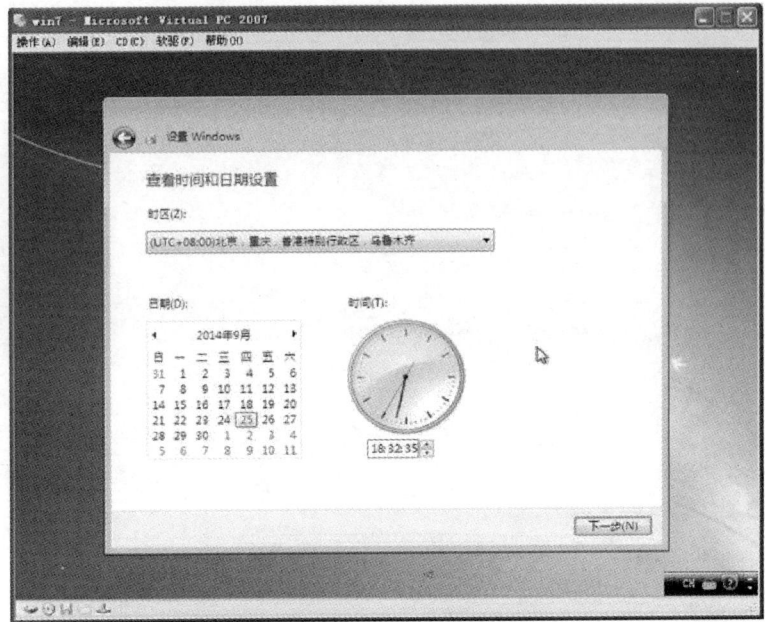

图 2—43　时间设置

网络设置，选择"工作网络"，如图 2—44 所示。

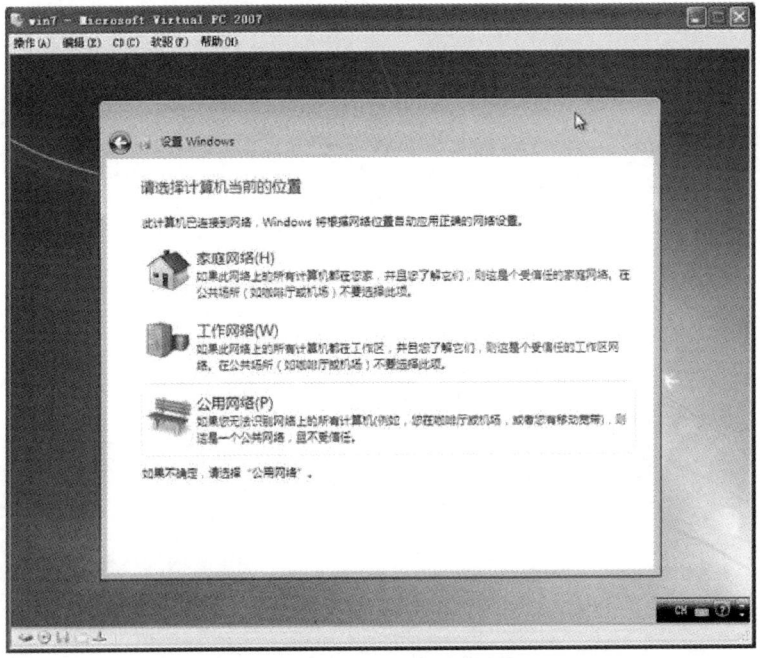

图 2—44　网络设置

安装完成,如图 2—45 所示。

图 2—45　安装完成

注意事项

1. 所有操作要求符合规程,操作应采取正确的步骤、方法。
2. 严禁违规操作,以防止造成设备、人员损伤。
3. 操作完毕后,设备工具应复位,并做好清洁工作。

电源系统设备配线验收检查

操作准备

1. 成套电源系统设备 1 套。
2. 成套电源检查工具 1 套。

操作步骤

步骤 1　检查电源线及连接线

1. 电源线应用整段线料。

2．中间禁止有接头。

3．连接柜（箱）面板上的电器及控制板等可移动部位的电源线应采用多股铜芯软电源线。

4．连接线预留长度要有适当的余量。

5．电源设备的输出电源线、电缆应成束绑扎。

6．不同电压等级的交流、直流线路及计算机控制线路应分别绑扎并有标志。

7．所有电源设备线、电缆绑扎固定后应不妨碍手动开关或抽出式部件的拉出或推入。

步骤2 写出电源电缆线及走线架安装要求

1．引入或引出交流不间断电源装置的电源线、电缆和控制线应分开敷设。

2．在电缆支架上平行敷设时应保持 150 mm 距离。

3．走线架上布线电源配线的绑扎线应平直并拢。

4．地槽应清洁。

5．盖板应严密。

步骤3 检查交、直流电源线

1．检查直流电源线是否以电线颜色区别正、负极性。

2．检查直流电源正负极是否错接或短路。

3．检查直流电源接线是否接触牢固。

4．检查交流电源线是否以电线颜色区别相线、零线、地线。

5．检查交流电源是否错接或短路。

6．检查交流电源接线是否接触牢固。

步骤4 填写工程质量验收记录

分项工程质量验收记录见表2—11。

表2—11　　　　　　　　　分项工程质量验收记录

单位工程名称				
分部工程名称			检验批数	
序号	检验批部位	评定内容		验收结论
1	电源进线	标明相序		合格
2	各连接线	无接头、有标志		合格
3	直流线	标明正负极		合格

续表

序号	检验批部位	评定内容	验收结论
4	电缆线	标明控制及主电流,外壳接地	合格
5	监控线	接口无松动,显示正确	合格
6	走线架	无交叉、清洁、平直,盖板严密	合格

说明:

施工单位 检查结论	分项工程技术负责人 年　月　日
监理(建设) 单位验收结论	监理工程师(建设单位项目技术负责人) 年　月　日

注意事项

1. 所有操作要求符合规程,操作应采取正确的步骤、方法。
2. 严禁违规操作,以防止造成设备、人员损伤。
3. 操作完毕后,设备工具应复位,并做好清洁工作。

2.3　车站系统网络

知识要求

2.3.1　规划与优化车站网络配置参数

TCP/IP（Transmission Control Protocol/Internet Protocol）协议叫作传输控制/网际协议,又叫网络通信协议,这个协议是 Internet 国际互联网络的基础。

TCP/IP 是用于计算机通信的一组协议,通常称它为 TCP/IP 协议族。它是 20 世纪 70 年代中期美国国防部为其 Arpanet 广域网开发的网络体系结构和协议标准,以它为基础组建的 Internet 是目前国际上规模最大的计算机网络,正因为 Internet 的广泛使用,使得 TCP/IP 成了事实上的标准。

TCP/IP 是网络中使用的基本的通信协议。虽然从名字上看 TCP/IP 包括两个协议,即传输控制协议（TCP）和网际协议（IP）,但 TCP/IP 实际上是一组协议,它包括 TCP、IP、UDP、ICMP、RIP、TELNET、FTP、SMTP、ARP、TFTP 等许多协议,这些协议一起称为 TCP/IP 协议。

1. TCP/IP 协议分层

与 OSI 7 层模型相对应,TCP/IP 模型将 OSI 模型的数据链路层和物理层合并为网络接口层,将 OSI 模型的应用层、表示层和会话层合并为应用层。

TCP/IP 网络同样分层的策略使网络实现结构化。与 OSI 参考模型不同,TCP/IP 协议采用了 4 层的体系结构,见表 2—12。属于 TCP/IP 协议组的所有协议都位于该模型的上 3 层。

表 2—12　　　　　　　　TCP/IP 参考模型 4 层结构

分层名	功 能 作 用
应用层	负责处理特定的应用程序细节
传输层	主要为两台主机上的应用程序提供端到端的通信
Internet 层	处理分组在网络中的活动
网络接口层	通常包括操作系统中的设备驱动程序和计算机中对应的网络接口卡,它们一起处理与电缆或其他任何传输媒介的物理接口细节

2. IP 地址

在 TCP/IP 体系中,IP 地址是一个很重要的概念。IP 地址是给每一个使用 TCP/IP 协议的计算机分配的唯一的 32 位地址,IP 地址的结构能够实现在计算机网络中很方便地进行寻址。通常将一个 IP 地址按每 8 位分为 4 段,段与段之间用"."隔开。为了便于应用,IP 地址的每个段用十进制表示,IP 地址成为每台计算机唯一的标志。

3. IP 地址分类

每一个 IP 地址包括两部分:网络地址和主机地址,下面 5 类地址对所支持的网络数和主机数有不同的组合。

(1) A 类地址。一个 A 类 IP 地址仅使用第一个 8 位位组表示网络地址。剩下的 3 个 8 位位组表示主机地址。A 类地址的第一个位总为 0,这一点在数学上限制了 A 类地址的范围小于 127,127 是 64+32+16+8+4+2+1 的和。最左边位表示 128,在这里空缺。因此仅有 127 个可能的 A 类网络。A 类地址后面的 24 位(3 个点 – 十进制数)表示可能的主机地址,A 类网络地址的范围从 1.0.0.0 到 126.0.0.0。注意只有第一个 8 位位组表示网络地址,剩余的 3 个 8 位位组用于表示第一个 8 位位组所表示网络中唯一的主机地址,当用于描述网络时这些位置为 0。注意,技术上讲,127.0.0.0 也是一个 A 类地址,但是它已被保留作闭环(look back)测试之用,而不能分配给一个网络。

每一个 A 类地址能支持 16 777 214 个不同的主机地址，这个数是由 2^{24} 减去 2 得到的。减 2 是必要的，因为 IP 把全 0 保留为表示网络，而全 1 表示网络内的广播地址。其中 10.0.0.0 和 10.255.255.255 保留。

（2）B 类地址。设计 B 类地址的目的是支持中到大型的网络。B 类网络地址范围从 128.1.0.0 到 191.254.0.0。B 类地址蕴含的数学逻辑是相当简单的。一个 B 类 IP 地址使用两个 8 位位组表示网络号，另外两个 8 位位组表示主机号。B 类地址的第一个 8 位位组的前两位总置为 10，剩下的 6 位既可以是 0 也可以是 1，这样就限制其范围小于等于 191（由 128 + 32 + 16 + 8 + 4 + 2 + 1 得到）。最后的 16 位（2 个 8 位位组）标志可能的主机地址。每一个 B 类地址能支持 64 534 个唯一的主机地址，这个数由 2^{16} 减 2 得到。B 类网络仅有 16 382 个，其中 172.16.0.0 和 172.31.255.255 保留。

（3）C 类地址。C 类地址用于支持大量的小型网络。这类地址可以认为与 A 类地址正好相反。A 类地址使用第一个 8 位位组表示网络号，剩下的 3 个表示主机号，而 C 类地址使用 3 个 8 位位组表示网络地址，仅用一个 8 位位组表示主机号。C 类地址的前 3 位数为 110，前两位和为 192（128 + 64），这形成了 C 类地址空间的下界。第三位等于十进制数 32，这一位为 0 限制了地址空间的上界。不能使用第三位限制了此 8 位位组的最大值为 223（254 - 32），因此 C 类网络地址范围从 192.0.1.0 ~ 223.255.254.0。最后一个 8 位位组用于主机寻址。每一个 C 类地址理论上可支持最大 256（0 ~ 255）个主机地址，但是仅有 254 个可用，因为 0 和 255 不是有效的主机地址。可以有 2 097 150 个不同的 C 类网络地址，其中 192.168.0.0 和 192.168.255.255 保留。

（4）D 类地址。D 类地址用于在 IP 网络中的组播（multicasting，又称为多目广播）。D 类地址的前 4 位恒为 1110，预置前 3 位为 1 意味着 D 类地址开始于 224（128 + 64 + 32）。第 4 位为 0 意味着 D 类地址的最大值为 239（128 + 64 + 32 + 8 + 4 + 2 + 1），因此 D 类地址空间的范围从 224.0.0.0 ~ 239.255.255.254。

（5）E 类地址。E 类地址保留作研究之用。因此 Internet 上没有可用的 E 类地址。E 类地址的前 4 位恒为 1，因此有效的地址范围从 240.0.0.0 ~ 255.255.255.255。

总地来说，IP 地址分类由第一个 8 位组的值来确定：任何一个 0 ~ 127 间的网络地址均是一个 A 类地址，任何一个 128 ~ 191 间的网络地址均是一个 B 类地址，任何一个 192 ~ 223 间的网络地址是一个 C 类地址，任何一个第一个 8 位组在 224 ~ 239 间的网络地址是一个组播地址即 D 类地址，E 类保留。

4．子网划分

IP 地址使用的子网划分技术，是将一个大的网络分成若干个小网使用。当不进行子网划分时，Internet 中只使用 A 类、B 类和 C 类这 3 种主类地址。网络设备根据 IP 地址第一个字节的位置范围，即可判断它属于 A、B 和 C 中的哪一个主类网，进而可确定该 IP 地址的网络部分和主机部分，不需要子网掩码（SubnetMask）的辅助。

通过 IP 子网划分，网络管理员可以在已经得到的整块 IP 地址空间中创建子网络，以满足分配给不同部门自行管理使用的需求。子网与网络地址相结合，不仅可以把位于不同物理位置的主机组合在一起，还可以通过分离关键设备或者优化数据传送等措施提高网络安全性能，降低网络流量。A 类、B 类、C 类 3 类网络的标准默认掩码见表 2—13。

表 2—13　　　　A 类、B 类、C 类 3 类网络的标准默认掩码

类别	二进制子网掩码位模式	十进制子网掩码
A	11111111.00000000.00000000.00000000	255.0.0.0
B	11111111.11111111.00000000.00000000	255.255.0.0
C	11111111.11111111.11111111.00000000	255.255.255.0

将一个网络划分为子网采用的是借位的方式：从 IP 地址的主机部分最高位开始借位变为新的子网地址位，所剩余的部分则仍为主机地址位。这使 IP 地址的结构变为三部分：网络地址、子网地址和主机地址。

子网掩码的主要功能是向网络设备说明，一个特定 IP 地址的哪一部分包含网络地址与子网地址，哪一部分是主机地址。网络设备只要识别出数据包目的地址中的网络号与子网号，就可以正确进行路由寻址。

子网掩码又称子网屏蔽码。用 32 位二进制表示的子网掩码是按照整个 IP 地址的位模式使用的，其中 1 代表网络部分，0 代表主机地址部分。应用中子网掩码也采用 4 位十进制表示。通过子网掩码可以容易地确定 IP 地址网络部分在哪里结束，主机地址在哪里开始。

判断 TCP/IP 网络中两台计算机是否属于同一个网络，只需要使用子网掩码与它们的 IP 地址进行与（AND）运算即可。如果运算结果得到的网络地址部分相同，这两个 IP 地址就属于同一个网络。

当借用 IP 地址主机部分的高位作为子网编号时，子网掩码也随着扩展，这样就可以在某类地址中划分出更多的子网。如果在主机部分的地址中借两位作为子网掩码，理论上可以划分出 4 个子网；如果借 3 位作为子网掩码，理论上可以划分出 8 个子网；依此类推。但是实际上必须避免使用全 0 和全 1 的子网和主机地址。子网划分越多，

每个子网内可用的主机地址数量就越少，且由于 IP 协议规定主机地址为全 0 时表示的是网络，主机地址为全 1 时为广播地址，子网划分越多，上述情况浪费的 IP 地址资源就越多。

2.3.2 配置与调整车站网络防火墙

防火墙相当于在内部网络架起一道墙，其目的是提供安全保护。防火墙系统决定了哪些内部服务可以被外界访问、外界的哪些人可以访问内部的哪些服务以及哪些外部服务可以被内部人员访问。

1. 防火墙类型

（1）包过滤防火墙。包过滤防火墙一般在路由器上实现，用以过滤用户定义的内容，如 IP 地址。包过滤防火墙的工作原理是：系统在网络层检查数据包，与应用层无关。这样系统就具有很好的传输性能，可扩展能力强。但是，包过滤防火墙的安全性有一定的缺陷，因为系统对应用层信息无感知，也就是说，防火墙不理解通信的内容，所以可能被黑客攻破。

（2）应用网关防火墙。应用网关防火墙检查所有应用层的信息包，并将检查的内容信息放入决策过程，从而提高网络的安全性。然而，应用网关防火墙是通过打破客户机（服务器）模式实现的。每个客户机（服务器）通信需要两个连接：一个是从客户端到防火墙，另一个是从防火墙到服务器。另外，每个代理需要一个不同的应用进程，或一个后台运行的服务程序，对每个新的应用必须添加针对此应用的服务程序，否则不能使用该服务。所以，应用网关防火墙具有可伸缩性差的缺点。

（3）状态检测防火墙。状态检测防火墙基本保持了简单包过滤防火墙的优点，性能比较好，同时对应用是透明的，在此基础上，对于安全性有了大幅提升。这种防火墙摒弃了简单包过滤防火墙仅仅考察进出网络的数据包，不关心数据包状态的缺点，在防火墙的核心部分建立状态连接表，维护了连接，将进出网络的数据当成一个个的事件来处理。可以这样说，状态检测包过滤防火墙规范了网络层和传输层行为，而应用代理型防火墙则是规范了特定的应用协议上的行为。

（4）复合型防火墙。复合型防火墙是指综合了状态检测与透明代理的新一代的防火墙，进一步基于 ASIC 架构，把防病毒、内容过滤整合到防火墙里，其中还包括 VPN、IDS 功能，将多单元融为一体，是一种新突破。常规的防火墙并不能防止隐蔽在网络流量里的攻击，在网络界面对应用层扫描，把防病毒、内容过滤与防火墙结合起来，这体现了网络与信息安全的新思路。它在网络边界实施 OSI 第 7 层的内容扫描，实现了实时在网络边缘布置病毒防护、内容过滤等应用层服务措施。

2. 4类防火墙的对比

（1）包过滤防火墙。包过滤防火墙不检查数据区，不建立连接状态表，前后报文无关，应用层控制很弱。

（2）应用网关防火墙。应用网关防火墙不检查IP、TCP报头，不建立连接状态表，网络层保护比较弱。

（3）状态检测防火墙。状态检测防火墙不检查数据区，建立连接状态表，前后报文相关，应用层控制很弱。

（4）复合型防火墙。复合型防火墙可以检查整个数据包内容，根据需要建立连接状态表，网络层保护强，应用层控制细，会话控制较弱。

2.3.3 车站网络故障诊断

车站网络故障多重多样，大多以突发事件为主，车站网络在运行后，一般不会出现配置上的问题，因为一般没有人会去改动网络设备的配置，大多数突发事件是由设备硬件故障或者设备上下联设备故障引起的。

1. 网络故障排除的主要步骤

网络故障的排除方法有一些普遍原则，将使用OSI参考模型的语言，给出一个一般性的解决网络问题的方法。

排除网络故障的总体模型，即排除计算机网络故障时总体的步骤见表2—14。

表2—14　　　　　　　　排除网络故障的总体模型

序号	步骤内容
1	对问题进行定义：故障的特征以及潜在的原因
2	收集相关信息并明确可能的原因
3	考虑这些信息的可能性。根据所收集的信息，把注意力集中在与特定问题相关的方面（在这一步里将问题限定了范围）
4	创建一个行动计划。在设计计划时，应该在一次操作中只改变一个变量
5	实施该计划。在测试是否出现相应故障特征时，应该仔细地执行每一步
6	仔细观察这些结果并明确是否已经解决了问题 如果解决了该问题，整个过程就结束了 最后，如果没有解决问题，则转移到列表中的下一个最可能的原因，返回到步骤4，重复该过程，一直到问题解决为止

下面介绍排除网络故障常用的一些命令。

（1）IPConfig 命令。IPConfig 实用程序和它的等价图形用户界面——Windows 95/98 中的 WinIPCfg 可用于显示当前的 TCP/IP 配置的设置值。这些信息一般用来检验人工配置的 TCP/IP 设置是否正确。但是，如果你的计算机和所在的局域网使用了动态主机配置协议（Dynamic Host Configuration Protocol，DHCP——Windows NT 下的一种把较少的 IP 地址分配给较多主机使用的协议，类似于拨号上网的动态 IP 分配），这个程序所显示的信息也许更加实用。这时，IPConfig 可以让你了解你的计算机是否成功地租用到一个 IP 地址，如果租用成功，则可以了解它目前分配到的地址。了解计算机当前的 IP 地址、子网掩码和缺省网关实际上是进行测试和故障分析的必要项目。最常用的选项如下：

1）IPConfig。当使用 IPConfig 时不带任何参数选项，那么它为每个已经配置了的接口显示 IP 地址、子网掩码和缺省网关值。

2）IPConfig/all。当使用 all 选项时，IPConfig 能为 DNS 和 WINS 服务器显示它已配置且所要使用的附加信息（如 IP 地址等），并且显示内置于本地网卡中的物理地址（MAC）。如果 IP 地址是从 DHCP 服务器租用的，IPConfig 将显示 DHCP 服务器的 IP 地址和租用地址预计失效的日期（有关 DHCP 服务器的相关内容详见其他有关 NT 服务器的书籍或询问你的网管）。

在 Uuix 环境下，可以使用 IfConfig 命令来实现 IPConfig 命令的功能。

（2）Ping 命令。该命令只有在安装了 TCP/IP 协议后才可以使用。Ping 命令的主要作用是通过发送数据包并接收应答信息来检测两台计算机之间的网络是否连通。当网络出现故障的时候，可以用这个命令来预测故障和确定故障地点。Ping 命令成功只是说明当前主机与目的主机之间存在一条连通的路径。如果不成功，则考虑网线是否连通、网卡设置是否正确、IP 地址是否可用等。

1）Ping 本机 IP 以确定本机 IP 地址是否正常获得。

2）Ping 网卡地址 127.0.0.1 以确定本机网卡工作是否正常。

3）Ping 网关地址以确定所在局域网的连通性。

4）Ping 外部地址以确定本机与外部计算机所在网络的连通性。

（3）Trace 命令。通过 Traceroute 可以知道信息从你的计算机到互联网另一端的主机"走"的路径。当然每次数据包由某一同样的出发点（source）到达某一同样的目的地（destination），"走"的路径可能会不一样，但基本相同。Uuix 系统中，称之为 Traceroute，MS Windows 中为 Tracert。Traceroute 通过发送小的数据包到目的设备直到其返回，来测量其需要的时间。一条路径上的每个设备 Traceroute 要测 3 次，输出结果中包括每次测试的时间（ms）和设备的名称及其 IP 地址。

当使用 Ping 命令测试与外部网络不能通信时，可以使用 Traceroute 命令来跟踪路由，以便查看究竟是哪一跳出现问题，为分析网络错误提供有利的条件和依据。

（4）Arp 命令。Arp 命令用于显示和修改 ARP 缓存中的项目，即显示第 2 层和第 3 层地址的映射表。ARP 缓存中包含一个或多个表，它们用于存储 IP 地址及经过解析的以太网或令牌环物理地址。计算机上安装的每一个以太网或令牌环网络适配器都有自己单独的表。如果在没有参数的情况下使用，则 Arp 命令将显示帮助信息。

（5）Netstat 命令。Netstat 命令是一个监控 TCP/IP 网络的非常有用的工具，可以显示路由表、实际的网络连接以及每一个网络接口设备的状态信息。

如果计算机有时候接收到的数据包导致出错数据或故障，这时不必感到奇怪，TCP/IP 可以容许这些类型的错误，并能够自动重发数据包。但如果累计的出错情况数目占到所接收的 IP 数据包相当大的百分比，或者它的数目正迅速增加，那么就应该使用 Netstat 查一查为什么会出现这些情况。

（6）Show 命令。由于目前网络技术相对成熟化，各厂商生产的网络设备的操作系统命令上都有相同之处，特别是 Show 命令。

技能要求

车站级三层交换机维护配置

操作准备

适配 console 电缆线一根。

操作步骤

步骤 1　使用 console 线连接交换机。

步骤 2　将相应端口模式改为 3 层。

步骤 3　新建 VLAN，为 VLAN 配置网关地址，将不同类型端口拨至相应 VLAN。

步骤 4　将需设置为 trunk 模式的端口配置为 trunk 模式。

步骤 5　配置静态或动态路由协议。

步骤 6 保存配置。

注意事项

1. 将不同区域的网络拨至不同 VLAN 以减少冲突发生。
2. 对不同功能端口做相应配置。

配置简单的局域网

操作准备

1. 确保设备间网络连接正常。
2. 确保主机网卡正常。

操作步骤

步骤 1 设置 IP 地址、网关、DNS 服务器（如需上网）。打开"控制面板"，选择"网络连接"，在"属性"窗口中选择"TCP/IP 协议"，选择静态 IP 地址选项，在各主机上设置 IP 地址、网关、DNS 服务器（如需上网）。

步骤 2 配置静态路由。若服务器处于不同网段，则需配置静态路由。

步骤 3 若使用两层交换机，则无须配置；若使用路由器，则需设置 LAN 口 IP 地址作为网关。

步骤 4 使用 Ping 命令测试主机间连通性。

注意事项

1. 注意接口的选择以及连接线所使用的线缆类型。
2. 路由器间采用串口配置时，需配置时钟。

配置防火墙

操作准备

确保设备间网络连接正常。

操作步骤

步骤 1 配置静态或动态路由。

步骤 2 配置需放行的网段或主机地址策略。

步骤 3 使配置好的策略在相应端口生效。

注意事项

防火墙的配置需遵循最小原则,只放行需要的端口与地址范围。

思 考 题

1. 阐述车站设备系统调试方法。
2. 怎样进行车站设备联网检测工作?
3. 车站设备安装施工质量要求有哪些?

第 3 章

线路中央系统维护

学习完本章的内容后,您能够:

- ✓ 掌握线路中央系统启动与关闭操作步骤。
- ✓ 掌握查询中央主机 IP 配置的方法。
- ✓ 了解线路中央系统资源优化的方法。
- ✓ 了解监控线路中央系统应用程序进程的方式。
- ✓ 掌握数据维护的方法。

知识要求

3.1 设备的维护

3.1.1 中央系统的启动与关闭

1. 中央系统的启动

查看设备电源线等插座接触良好，并且设备前端 Power 灯亮起，按下 Power 按钮后确认设备前端 Run 灯亮起，耐心等待系统启动。

2. 中央系统的关闭

进入系统输入用户名及密码，确认系统应用及数据库等程序已经关闭，输入命令"shutdown – hy 0"关闭系统，待系统关闭后拔下设备电源。

3.1.2 查询中央主机 IP 配置

1. 使用账号用户登录系统

2. 执行命令"netstat – in"

```
Name      Mtu    Network         Address         Ipkts       Ierrs Opkts       Oerrs Coll
lan0：1   1500   172.10.100.0    172.10.100.50   364769864   0     1028188     0     0
lan3 *    1500   none            none            0           0     0           0     0
lan1      1500   192.168.100.0   192.168.100.1   98355225    0     98355140    0     0
lan0      1500   172.10.100.0    172.10.100.1    277119002   0     2788690754  0     0
lo0       4136   127.0.0.0       127.0.0.1       1298745464  0     1298746316  0     0
```

3. 主要注意 3 列参数

（1）Name 行代表系统使用的网口，Name 后有 * 代表该网口处于未激活状态。

（2）Network：网段。

（3）Address：地址。

3.1.3 优化系统资源

使用 3 种工具对系统资源进行分析。

1. glance

glance 监控命令在 HP – UX 上使用，glance 监控工具是 HP – UX 系统中一个强大且易用的在线监控工具，它有两种版本：一种是 gpm，图形模式；另一种就是 glance，文本模式。图形模式和文本模式几乎可以在任何终端和工作站上使用，占用资源很少。任何一个版本都可以提供丰富的系统性能信息。默认的进程列表会列出有关系统资源和活动进程的常规信息，更多详细信息包括：CPU，Memory，Disk IO，Network，NFS，System Calls，Swap，and System Table。

语法：

glance ［–j interval］［–p［dest］］［–f dest］［–maxpages numpages］［–command］［–nice nicevalue］［–nosort］［–lock］

［–adviser_off］［–adviser_only］［–bootup］［–iterations count］［–syntax filename］［–all_trans］［–all_instances］［–disks;］［–kernel ;］［–nfs ;］［–pids ;］［–no_fkeys］

选项说明：

（1）"–j interval"：设置屏幕刷新的时间间隔，单位为 s，默认值为 5 s，数值许可范围为 1 ~ 32 767。

（2）"–p［dest］"：可以启用连续打印，对于屏幕刷新间隔很长时的打印很有效，输出会被定向到一个默认的本地打印机，除非需要输入设备参数。一旦运行开始，可以用 p 命令终止该操作。

（3）"–f dest"：可以启用连续打印，对于屏幕刷新间隔很长时的打印很有效，输出会被定向到一个给定的文件。一旦运行开始，可以用 p 命令终止该操作。

（4）"–maxpages numpages"：当用 –p 命令时，"–maxpages" 选项可以改变打印的最大页数，默认为 200 页。

（5）"–command"：用来设置进程列表不同的屏幕显示，这个键值设置会显示不同的信息，详细命令见下面的"– command"选项，仅有一个命令可以选择。

（6）"– nice nicevalue"：允许调整 glance 进程的优先级别，默认值为 – 10。

（7）"– nosort"：该选项设置后，屏幕不用将进程排序显示，这样可以减少 glance 进程的 CPU 开销。

（8）"– lock"：允许将 glance 锁入内存，这样可以大大提高响应时间，但有可能会收到错误提示：Unable to allocate memory/swap space，这时则必须取消此选项重新运行。

（9）"– adviser_off"：允许关闭建议模式运行 glance。

（10）"– adviser_only"：允许 glace 在终端无屏幕显示下运行，仅建议提示会运行，并将结果发送到标准输出。建议提示模式可以在后台运行，可以把结果重定向到一个文件，但必须要和"– bootup"选项联合使用。

（11）"– bootup"：和"– adviser_only"一起使用，启动时就开启建议模式。

（12）"– iterations count"：可以在 glance 运行时限制间隔的数字，该选项和"– adviser_only"选项在无终端显示时联合使用。glance 执行给定次数后，迭代列入清单后退出。

（13）"– syntax filename"：启用自定义的建议文件。

（14）"– all_trans"：允许 glance 列出系统中所有注册的任务。如果没有指明，glance 仅仅列出经过滤的项。

（15）"– all_instances"：允许 glance 显示所有操作记录示例。

（16）"– disks"：监控磁盘。

（17）"– kernel"：监控系统 kernel。

（18）"– nfs"：监控 NFS 使用。

（19）"– pids"：监控指定进程以上 4 个命令选项值会直接传入 Midaemon（惠普的性能监控接口守护进程）和调整 Midaemon 的启动参数，如果 Midaemon 已经在运行，则这些选项设置将不被理睬。

（20）"– no_fkeys"：可以屏蔽操作屏幕显示的功能键。

"– command"选项列表如下：

Command Screen Displayed / Description

a CPU By Processor、c CPU Report、d Disk Report、g Process List、i IO By File System、l Network By Interface、m Memory Report、n NFS By System、t System Tables Report、u IO By Disk、v IO By Logical Volume、w Swap Space。

A Application List、B Global Waits、D DCE Global Activity、G Process Threads、H Alarm History、I Thread Resource、J Thread Wait、K DCE Process List、N NFS Global Activity、P PRM Group List、T Transaction Tracker、Y Global System Calls、Z Global Threads。

2. top

（1）Header 显示信息。system：计算机名及当前日期；Load averages 表示系统在 1 min、5 min、15 min 内运行的负载数（即运行队列中的平均进程数量，推荐 3 以下正常，大于 5 就表示性能有严重问题）；接下来是进程总数和各种类型的进程数量（状态类别有 run 运行、sleep 睡眠、idle 停止、zombie 僵尸）。

（2）CPU State。列举出了系统所有 CPU 的运行状态，每个 CPU 独占一行，各百分比依次代表 LOAD 平均负载进程数量、USER 用户占用时间比、NICE 被 nice 命令改变优先级的任务占用的时间比、SYS 系统占用的时间比、IDLE 空闲时间比，剩下列分别是 BLOCK/SWAIT/INTR（代表中断）/SSYS 这 4 种状态占用的时间百分比。最后的 avg 表示活动进程的平均值（仅当多处理器系统时列出）。

（3）Memory State。列举了内存的使用情况，包括实际（real）活动的内存总值（活动值），虚拟（virtual）内存的总值（活动值），剩余可用内存值（如果需要知道该机器的总内存值，最好通过 machinfo 查看）。

（4）Process State。列举了默认的 16 个进程运行状态，包括它当前由哪个 CPU 来处理。TTY 表示终端号；PID 表示进程号；USERNAME 表示用户名；PRI 表示任务的优先级；NICE 表示任务的 Nice 值，一个具有较低 Nice 值的进程将获得较高的优先权；SIZE 表示任务的代码加上数据和栈大小；RES 表示任务使用的物理内存总数量；STATE 表示任务的状态；TIME 是自任务开始时使用的总 CPU 时间，单位为 s；%WCPU 表示进程的 CPU 利用权重百分比；%CPU 表示进程的原始 CPU 利用率百分比，自上一次屏幕刷新依赖任务占用 CPU 时间的份额；COMMAND 表示启动进程的命令名，太长将会被缩写。

（5）top 命令的语法

top ［-s time］［-d count］［-q］［-u］［-h］［-n number］［-f filename］；

1）"-s time"：设置屏幕刷新的延时，单位为 s，默认值为 5 s。

2）"-d count"：设置屏幕刷新的次数，刷新输入的 count 次之后退出。

3）"-q"：如果经过 nice 授权，使用"-q"可以使 top 运行得更快一些。

4）"-u"：用显示 User ID 代替 username，提高命令运行的速度。

5）"-h"：当系统有多个 CPU 时，个别 CPU 的状态信息被隐藏，只显示平均状态值。

6)"-n number":设置每一屏幕显示的进程数目。若 number 值超过进程最大数目,则设置无效。

7)"-f filename":输出重定向给定的文件名,默认为 16 个进程信息。

(6)top 键盘控制命令

1)j:切换到下一个屏幕。

2)k:切换到前一个屏幕。

3)t:切换到最初的屏幕。

4)q:任意时候退出 top 运行。

3.vmstat

vmstat 5 5

procs memory page faults cpu

r	b	w	avm	free	re	at	pi	po	fr	de	sr	in	sy	cs	us	sy	id
2	0	0	52260	24324	9	4	0	0	0	0	1	109	427	81	2	1	97
2	0	0	52260	24285	0	0	0	0	0	0	0	110	207	90	0	0	99
1	0	0	56211	24285	0	0	0	0	0	0	0	106	192	80	0	0	100
1	0	0	56211	24285	0	0	0	0	0	0	0	107	152	76	0	0	100
2	0	0	56552	24285	0	0	0	0	0	0	0	106	154	72	0	0	100

分析结果

(1)procs。r 列表示在运行队列中等待的进程数。b 列表示在等待资源的进程数,比如正在等待 I/O 或者内存交换等。w 列表示可以进入运行队列但被交换出来的进程。[b] 表示正常;cpu 表示 CPU 的使用状态。

us 列显示了用户方式下所花费 CPU 时间的百分比。一个 Unis 进程可以在用户方式下执行,也可以在系统(内核)方式下执行。当在用户方式下时,进程在它自己的应用程序代码中执行,不需要内核资源来进行计算、管理内存或设置变量。

sy 列详述了 CPU 在系统方式下执行一个进程所花时间的百分比,这包括内核进程(kprocs)和其他需要访问内核资源的进程所消耗的 CPU 资源。如果一个进程需要内核资源,必须执行一个系统调用,并由此切换到系统方式从而使该资源可用。例如,对一个文件的读或写操作需要内核资源来打开文件、寻找特定的位置以及读或写数据,除非使用内存映射文件。这里 us + sy 的参考值为 80%,如果 us + sy > 80% 说明可能存在 CPU 不足。

id 列显示了本地磁盘 I/O、CPU 空闲或等待的时间百分比。

［us］+［sy］表示正常。

（2）fault 显示采集间隔内发生的中断数

in 列表示在某一时间间隔中观测到的每秒设备中断数。iostat 命令输出更有参考意义。

sy 列表示在某一时间间隔中观测到的每秒系统调用次数。通过明确的系统调用，用户进程可以使用资源。这些调用指示内核执行调用进程的操作，并在内核和该进程之间交换数据。因为工作负载和应用程序变化很大，不同的调用执行不同的功能，所以不可能定义每秒钟有多少系统调用才算太多。这里设置参考值为10000，超过10000，用户需要注意。

cs 列表示如 cs 比磁盘 I/O 和网络信息包速率高得多，都应进行进一步调查。［sy］表示正常。

（3）memory。avm 为当前激活的虚拟内存数量（k 表示）。free 为当前的空闲页面列表中内存数量（k 表示）。［free］表示正常。

（4）page。re 列表示回收的页面数。at 列表示地址翻译错误计数。pi 列表示进入页面数（k 表示）。po 列表示出页面数（k 表示）。fr 列表示空余的页面数（k 表示）。de 列表示提前读入的页面中的未命中数。sr 列表示通过时钟算法扫描的页面计数。［po］表示正常。［fr：sr］表示正常。

以上 3 个工具尤以 glance 最为直观地表现出系统性能，不过 glance 为收费软件，所以通常使用 top 命令，加上其他工具，对系统进行更加客观的分析。

3.1.4 监控应用程序进程

1. 查看应用程序

通过 Shell 终端工具（CRT、Xmanager 等）连接中央主机，"su – lineX"切换到应用环境的用户。

应用程序命令：

$appctl center show

一般输出的结果 CurrInstanceps 均大于 0，若小于 0 表示进程异常退出，如图 3—1 所示。

应用程序命令：

$ps – ef｜grep line

显示进程有对应使用的文件，如图 3—2 所示。

```
[/home/line16]:)appctl center show
Index GroupID ProcessName    Refork CurrentParameter    CurrInstanceNum ProcessID
0     comm    commsvrdispatch 1     comm commdown       1               65011858
1     comm    commsvrmap      1     comm commdown       1               57409830
2     comm    commclntmap     1     comm commdown       1               64028880
3     comm    commsvrup       1     comm commup         1               63111416
4     comm    commclntup      1     comm commup         1               52756904
5     comm    deliver         1     comm deliver        1               56230202
6     online  reqhandle       1     online staonline    1               62849206
7     online  reqhandle       1     online statxndtl    2               47841616, 45941132
8     online  replyhandle     1     online staonline    2               44695898, 34668964
9     online  saf             1     online staonline    1               34013512
10    online  toc             1     online staonline    1               56951198
11    online  connectinmng    1     online staonline    1               41681296
12    online  apptimer        1     online staonline    1               37683578
13    online  apptrigger      1     online staonline    1               63177504
14    online  reportfilemng   1     online staonline    1               57082176
```

图 3—1 中央应用程序进程列表

```
[/home/line16]:)ps -ef|grep line16
root     6553740  4128858  0 Oct 29    - 0:21 haemd HACMP 1 line16_ha SECNOSUPPORT
line16  27328710  9896398  0 Apr 01    - 1:11 commsvrmap comm commdown /home/line16/conf/config.xml
line16  45088970 38928732  0 Apr 01    - 2:05 commsvrmap comm commdown /home/line16/conf/config.xml
line16  49676326 50987494  0 Apr 01    - 3:50 commsvrmap comm commdown /home/line16/conf/config.xml
line16  60948504 66650216  0 22:17:18 pts/0 0:00 ps -ef
line16  62849206 57016764  0 Dec 28    - 507:13 reqhandle online staonline /home/line16/conf/config.xml
line16  63111416 57016764  0 Dec 28    - 0:00 commsvrup comm commup /home/line16/conf/config.xml
line16  63307978 52756904  0 May 02    - 1:02 commclntup comm commup /home/line16/conf/config.xml
line16  64028880 57016764  0 Dec 28    - 0:04 commclntmap comm commdown /home/line16/conf/config.xml
line16  65011858 57016764  0 Dec 28    - 0:00 commsvrdispatch comm commdown /home/line16/conf/config.xml
```

图 3—2 中央应用进程对应使用文件列表

2．关闭应用程序

关闭应用程序命令：

$appctl cente stop

$ps – ef | grep lineX

如果没有 xml 文件使用进程的输出，说明所有应用进程全部被回收，如图 3—3 所示。

```
[/home/line16]:)appctl center stop
[/home/line16]:)ps -ef|grep line16
    line16 20512816 20119596    1 22:16:26  pts/0   0:00 -ksh
    line16 23920798 20512816    5 22:16:49  pts/0   0:00 ps -ef
[/home/line16]:)
```

图 3—3 关闭中央应用进程

3．开启应用程序

开启应用程序命令：

$appctl center start

输出的结果 CurrInstanceps 均大于 0，若小于 0 表示进程未拉起，需要查看日志判断问题所在，如图 3—4 所示。

```
[/home/line16J:)appctl center start
Index GroupID ProcessName    Refork CurrentParameter   CurrInstanceNum ProcessID
0     comm    commsvrdispatch 1     comm commdown     1               15794390
1     comm    commsvrmap      1     comm commdown     1               15401108
2     comm    commclntmap     1     comm commdown     1               15335648
3     comm    commsvrup       1     comm commup       1               14811384
4     comm    commclntup      1     comm commup       1               14483606
5     comm    deliver         1     comm deliver      1               14418092
6     online  reqhandle       1     online staonline  1               14024778
7     online  reqhandle       1     online statxndtl  2               13959272, 13828186
8     online  replyhandle     1     online staonline  2               10748096, 10616998
9     online  saf             1     online staonline  1               10223716
10    online  toc             1     online staonline  1               19005512
11    online  connectinmng    1     online staonline  1               18219018
12    online  apptimer        1     online staonline  1               15466678
13    online  apptrigger      1     online staonline  1               23855352
```

图 3—4　开启中央应用进程

技能要求

FTP 上传与下载文件（Linux 服务器）

操作准备

1. 操作系统中安装 FTP 客户端以及服务端。
2. 客户机与服务器网络通信正常。

操作步骤

步骤 1　在 shell 命令行中，从客户机 FTP 服务端 IP。

步骤 2　输入用户名与密码，登录服务器。

步骤 3　输入命令上传与下载文件，具体命令有 5 步：

1. ls：可以查看服务端目录结构。
2. bi：使用二进制传输。
3. put：文件名，可以将本地文件上传至服务器当前目录。
4. get：文件名，可以将当前目录下某文件下载至本地目录。
5. bye：完成上传、下载，关闭此次会话。

注意事项

1. 服务器端必须开启 FTP 服务，以及开放 FTP 服务对应的端口。

2. 服务端对目录的权限管理，若权限不够可以尝试用 SFTP。操作与 FTP 的命令相同，同时可以使用一些 shell 命令。

映射服务器中的共享文件夹（Windows 服务器）

操作准备

客户机与服务器网络通信正常。

操作步骤

步骤 1　建立共享目录，删除所有的 Everyone 权限，设置具有访问权限的用户。

步骤 2　为了形成用户访问日志，对特定文件夹添加审核。

步骤 3　删除默认共享。

注意事项

1. 服务器端必须开启"打印和文件共享"服务。
2. 检查网络防火墙状态。

配置线路中央三层交换机（一）

操作准备

确保设备间网络连接正常。

操作步骤

步骤 1　设置 VLAN，将不同类型网络划入对应 VLAN。

步骤 2　在 VLAN 或端口上配置相应 IP 地址。

步骤 3　配置静态路由。

注意事项

检查设备间线缆类型是否正确，连接状态是否正常。

配置线路中央三层交换机（二）

操作准备

确保设备间网络连接正常。

操作步骤

步骤 1 进入交换机端口，设置端口为三层模式，并为端口配置 IP 地址。

步骤 2 配置静态路由或者动态协议。

注意事项

1. 根据不同情况使用静态路由或动态协议，也可同时使用。
2. 需要进行限制的，可在端口配置访问控制列表。

简单恢复遭受 ARP 欺骗的局域网

操作准备

网关和服务器的 IP 地址及 MAC 地址清单。

操作步骤

步骤 1 查看网络现状，如服务器状态、网关可用性等。

步骤 2 使用 Arp 相关命令排除故障。

步骤 3 对网络进行优化。

注意事项

可用绑定 MAC 地址的方式增加网络安全性。

排除工作站无法访问中央服务器的故障

操作准备

1. 正常状态服务器。
2. 连接正常的网线。

操作步骤

步骤 1 使用 Ping 命令测试网关连通性。

步骤 2 使用 Tracert 命令，查看与服务器间连通情况；Tracert 查看其他服务器对比结果。

步骤 3 使用 netstat – rn 或者 route print 命令查看路由条目。

步骤 4 对比参照服务器 IP 清单。

步骤 5 使用 route add 命令添加路由条目，并添加 – p，以确保 PC 重启后路由条目依然存在。

步骤 6 用 Tracert 命令，确定与服务器网络的连通性。

注意事项

1. 初步排查故障原因时应逐段排查以定位故障原因。
2. 注意对配置的保存，以免重启设备后配置丢失。

停止和重启包节点及应用

操作准备

1. 各节点运作正常，使用 cmviewcl。
2. 应用程序正常运行。
3. 做好数据备份等安全操作。

操作步骤

步骤 1 检测系统状态 cmviewcl

#cmviewcl

CLUSTER	STATUS		
cluster_m10	up		
NODE	STATUS	STATE	
M10HP01	up	running	
PACKAGE	STATUS	STATE AUTO_RUN	NODE
pkg_ora	up	runningenabled	M10HP01
NODE	STATUS	STATE	
M10HP02	up	running	
PACKAGE	STATUS	STATE AUTO_RUN	NODE
pkg_app	up	runningenabled	M10HP02

从 node 后面的 state 列可以看出两个节点都处于 running 状态，属于正常状态，表示可以进行停止和重启包节点及应用的操作。

步骤 2 执行命令"#cmhaltpkg 节点名"，停止包节点（数据库和应用）。

步骤 3 执行命令"#cmviewcl"，node 后面的 status 列的节点状态如果从 up 变为 down，说明停止包节点执行成功。

步骤 4 执行命令"#cmrunpkg 节点名",启动包节点(数据库和应用)。

步骤 5 执行命令#"cmviewcl",node 后面的 status 列的节点状态如果从 down 变为 up,说明启动包节点执行成功。

步骤 6 执行命令"#cmmodpkg－e 节点名",node 后面的 AUTO_RUN 列的节点状态如果从 disable 变为 enabled,说明包节点已处于激活状态,双机冗余。

注意事项

1. 在操作时可查看系统日志以及/etc/cmcluster/pkg1/control.sh.log,进行日志追踪及故障的诊断和排除。

2. 停止和重启包节点后需登录应用服务器,查看应用程序是否正常运行,检查应用日志是否有报错。

恢复 Unix 文件系统

操作准备

1. 检查上一次系统备份日志/var/opt/ignite/recovery/ latest/ recovery.log,确定备份是否成功可用。

2. 做好数据库以及应用的数据备份。

3. 为了正确地恢复设备系统,拔出该设备的全部网络接口以及光纤接口以避免事故。

操作步骤

步骤 1 非交互式恢复系统

1. 在磁带机中,插入系统恢复带。

2. Boot 系统。

3. 中断 Boot 流程,进入"Boot_admin >"提示下。

4. Boot_admin > bo8/16.0.0.8/16.0.0;tape 的 hardware path。

5. 选取 non – interactive。

6. 等待系统恢复完毕。

步骤 2 交互式恢复系统

1. 在磁带机中,插入系统恢复带。

2. Boot 系统。

3. 中断 Boot 流程,进入"Boot_admin >"提示下。

4. "Boot_admin > bo 8/16.0.0.8/16.0.0：tape"的 hardware path。

5. 不选取 non – interactive。

6. 选取

（1）Install HP – UX。

（2）Advanced Installation。

（3）配置或改变如下选项：

Disks，file systems，hostname，IP address，timezone，root password，DNS server，and gateway。

7. 选取 install continue…，直到系统恢复完毕。

注意事项

1. 系统恢复需要非常长的一段时间，在此期间千万不能因为屏幕停留时间过长而使用 Ctrl + C 打断操作。

2. 恢复后的系统可能存在时间不同步的问题，需注意。

Unix root 密码的处置方法

操作准备

1. 检查系统其他文件系统等状态是否正常。
2. 检查/etc/passwd 文件中是否有 root。
3. 备份系统数据库及应用数据。

操作步骤

步骤1 自检

使用串口连接计算机，重启服务器，自检完成后，会出现这一行：

"To discontinue, press any key in 10 seconds"。

步骤2 进入 Main Menu

按任意键，系统会中止启动，进入 Main Menu。键入 bo，回车。

步骤3 回答系统询问

系统询问"Interact with IPL（Y or N）?"，输入 y。

步骤4 进入单用户状态

在提示符"ISL >"后，输入 hpux – is，系统进入单用户状态。

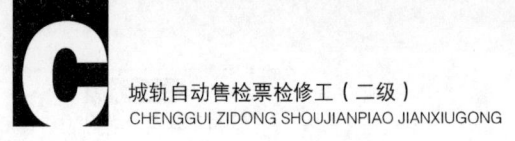

步骤5 输入密码

在#号提示符下键入 passwd，然后输入新密码。这一步有时会要求输入旧密码。

步骤6 取消信任机制

如果提示要 root 的旧密码，说明系统启用了信任机制，在重置 root 密码前，先要取消信任机制，执行以下即可：

在#号提示符下键入 mount /usr，在#号提示符下键入/etc/tsconvert – r，在#号提示符下再次键入 passwd，此时，不再需要旧密码了，然后输入新密码，需要输入两次确认。

步骤7 重启

最后键入 reboot 或 init 3，重启恢复系统正常运行。

步骤8 启用信任机制

在#号提示符下键入/etc/tsconvert，可以启用信任机制。

注意事项

设置的 root 密码需满足服务器策略要求。

3.2 数据的维护

知识要求

3.2.1 中央数据库报表的查询

1．查询数据库表

（1）打开 Oracle 企业管理器软件 Oracle Enterprise Manager Console，单击"数据库"。

（2）单击目标数据库名，进入登录界面，输入用户名或口令。登录成功后，单击"存储"→"表空间"。

（3）在此界面中查看数据文件的使用率及各类中央数据表明细。

（4）数据文件接近写满时需要手动进行扩展或者建立新的数据文件，选择表空间名，右键选择"添加数据文件"对该表空间进行扩展或者新建数据文件。

（5）查询完毕后，单击"断开连接"。

2．检查数据库状态

（1）数据库日志无影响数据库运行的错误警告

1）登录到目标数据库服务器。

2）#cd/数据库日志目录。

3）#view alert.log。

4）查看是否有以 ORA 开头的内容，一旦发现此内容，需进一步查询是否对系统有影响。

（2）数据库进程及监听进程状态正常运行

1）登录到目标数据库服务器。

2）#ps – ef │grep tnslsnr。

3）查看是否存在监听 tns 进程。

4）#ps – ef │grep ora_。

5）查看是否存在数据库 ORA_进程。

3.2.2 数据库备份

数据库的备份方式见表 3—1。

表 3—1 数据库的备份方式

序号	步 骤 内 容
1	通过 HP DP 客户端调用数据库的 RMAN 备份脚本，将远程数据库备份到 HP DP 磁带库中
2	备份类型可分为归档备份、增量备份和数据库全备份
3	数据库备份策略是通过 HP DP 任务定时自动操作执行的，根据各线路中央实际情况可作调整，通常每日按时间段划分进行多次归档备份，每周进行两次全备，当天如无全备份计划任务则进行增量备份

3.2.3 离线数据的导入、导出

1. 通过 shell 终端工具（CRT、Xmanager 等）连接中央主机。

2. #su – lineX 切换到应用环境的用户。

3. 离线数据的导出。在线路中央与 ACC 存在网络故障且当天不能恢复的情况下，需要将脱机交易数据导入到清分前置。线路中央可以使用历史离线数据的进程将离线交易生成文件。使用 fileoutput batch fileoutput 6002 会将所有的 6002 交易生成交易文件。

4. 离线数据的导入。在线路中央与车站存在网络故障且当天不能恢复的情况下，需要将车站脱机交易数据导入到线路中央。使用 fileinput batch fileinput 文件名会将所有

的脱机交易文件生成交易记录。

3.2.4 自动售检票中央系统数据的查询、分析及故障排除

当线路中央出现长时间有数据未上传至清分的情况时,我们需要对故障进行排除。

通过 shell 终端工具(CRT、Xmanager 等)连接中央主机,su – lineX 切换到应用环境的用户。首先查看应用进程状态,如果出现进程中实例数目与正常不一致(一般为 reqhandle 的进程),则 tail – f var/log/online.log.date 查看对应的日志,看日志中反馈出的问题。若无异常,则排除应用的问题。

若有报错(一般为数据库插入对应的 oralce 数据库报错,如表空间不足报错、死锁等),然后检查数据库的状态,如果数据库存在异常,则应首先清除数据库的故障,重启数据库,然后重启应用。

若数据库与应用无异常,则考虑网络故障,通过 Ping、Traceroute、Telnet 等命令判断网络层的问题。同时也可以通过查看通信日志判断问题。如果网络抢修当天不能完成,则需要考虑采用将离线数据导入导出的方法使数据恢复。

若所有故障消除,需要查看数据处理情况,可以通过查看交易入库来确定中央故障已消除。SQL 如下:公交卡交易为 select max(txn_time)、stat_id from txndtl_card group by stat_id,单程票交易为 select max(txn_time)、stat_id from txndtl_ticket group by stat_id。

3.2.5 数据库系统的安装及库结构重建

安装数据库系统并进行库结构重建见表3—2。

表3—2　　　　　　　安装数据库系统与库结构重建

序号	步骤内容
1	确定数据库主机的系统版本及数据库版本
2	准备数据库的安装介质及补丁包
3	确定数据库的安装目录大小及数据量的大小
4	确定数据库的字符集及数据库名
5	修改系统参数及安装数据库依赖补丁包
6	安装数据库

续表

序号	步骤内容
7	给数据库打补丁包
8	配置数据库的监听
9	配置数据库连接数，JOB 数量
10	调整数据库的 SGA 及 PGA 大小
11	导入数据
12	检查导入是否有报错
13	编译数据库失效对象
14	重建数据库 DBLINK

技能要求

数据库操作（一）

操作准备

1. 服务器及操作终端 1 台。
2. 数据库环境 1 套。
3. SQL 语法见表 3—3。

表 3—3　　　　　　　　　　　SQL 语法

语法	作用
SELECT	SELECT 语句用于从表中选取数据，结果被存储在一个结果表中（称为结果集） SELECT 语法：SELECT column_name FROM table_name
COUNT	COUNT（column_name）函数返回指定列的值的数目（NULL 不计入） COUNT（column_name）语法：SELECT COUNT（column_name）FROM table_name COUNT（*）函数返回表中的记录数 COUNT（*）语法：SELECT COUNT（*）FROM table_name
WHERE	WHERE 子句用于规定选择的标准。如需有条件地从表中选取数据，可将 WHERE 子句添加到 SELECT 语句 WHERE 语法：SELECT column_name；FROM table_name；WHERE column_name 运算符值

续表

语法	作用
IN	IN 操作符允许在 WHERE 子句中规定多个值 IN 语法：SELECT column_name（s）；FROM table_name；WHERE column_name IN（value1，value2…）
BETWEEN…AND	BETWEEN 操作符在 WHERE 子句中使用，作用是选取介于两个值之间的数据范围，这些值可以是数值、文本或者日期 SQL BETWEEN 语法：SELECT column_name（s）；FROM table_name；WHERE column_name；BETWEEN value1 AND value2
GROUP BY	GROUP BY 语句用于结合合计函数，根据一个或多个列对结果集进行分组 SQL GROUP BY 语法：SELECT column_name，aggregate_function（column_name）；FROM table_name；WHERE column_name operator value；GROUP BY column_name
ORDER BY	ORDER BY 语句用于根据指定的列对结果集进行排序。ORDER BY 语句默认按照升序对记录进行排序。如果希望按照降序对记录进行排序，可以使用 DESC 关键字 ORDER BY 语法：SELECT column_name（s）；FROM table_name；ORDER BY column_name
SELECT DISTINCT	在表中，可能会包含重复值，这并不成问题，不过，有时也许希望仅仅列出不同的值。关键词 DISTINCT 可用于返回唯一不同的值 SELECT DISTINCT 语法：SELECT DISTINCT column_name FROM table_name
LIKE	LIKE 操作符用于在 WHERE 子句中搜索列中的指定模式 LIKE 语法：SELECT column_name（s）；FROM table_name；WHERE column_name LIKE pattern

操作步骤

在 tbl_metro_sjtexit_20150518（单程票出站明细表：ticket_type 车票类型、entrance_station_id 上次使用车站、exit_station_id 当前车站、trans_type 交易类型、deal_time 交易时间、equjip_id 设备号、amount 交易金额）中：

步骤1 查询某日人数

查询 5 月 18 日，所有使用单程票人民广场出站的人数（单程票车票类型 100，101；交易类型：出站 36，人民广场车站：0123，0245，0835）。

语句：

select count（*）from tbl_metro_sjtexit_20150518；

where exit_station_id in（'0123''0245''0835'）；

and ticket_type in（100，101）and trans_type＝36。

注意：count（*）的使用，where、and 的使用，车票类型的限制（in 或者其他相关语法），交易类型的限制，车站限制。

步骤 2　查询交易笔数

在上述条件中，选出所有早高峰（7：00—9：00）从 1 号线和 8 号线人民广场出站的，并且使用 5 元单程票的交易笔数，并按时间降序排列。

语句：

select count（*），deal_time from tbl_metro_sjtexit_20150518；

where ticket_type in（100，101）and trans_type＝36；

and exit_station_id in（'01''08'）；

and（deal_time between 20150518070000 and 20150518090000）；

and amount＝500；

Group by deal_time；

order by deal_time desc。

注意：车票类型的限制（in 或者其他相关语法）、时间的限制（between 或其他相关语法）、按时间分组 group by、排序 order by、倒序 desc、出站站点的限制、票价的限制。

步骤 3　查询单程票数量

查询 5 月 18 日，所有从 3 号线北延伸线进站，从 1 号线人民广场出站检票机（非双向检票机）出站的单程票数量（相同卡号不重复，按金额排序统计）（本次车站版本取 920 版本；单程票票卡类型 100、101；交易类型：出站 36，3 号线北延伸线车站：长江南路 0330—江杨北路 0339）。

语句：

select count（distinct cardid）times，amount；

from tbl_metro_sjtexit_20150518；

where entrance_station_id '0330' between and '0339'；

and equip_id like '0123021％'；

and ticket_type in（100，101）and trans_type＝36；

group by amount。

注意：distinct 的使用，进站、出站站点的限制，like 的使用，车票类型的限制（in 或者其他相关语法），交易类型的限制，between 的使用。

数据库操作（二）

操作准备

1. 服务器及操作终端 1 台。
2. 数据库环境 1 套。
3. 数据库操作（二）新增 SQL 语法见表 3—4。

表 3—4　　　　　　　　　　数据库操作（二）新增 SQL 语法

语法	作　　用
SUBSTR	SQL 中 SUBSTR 用于返回字符、二进制、文本或图像表达式的一部分 SUBSTR 语法：SUBSTRING（expression，start，length） 以上表达式中，expression 是字符串、二进制字符串、文本、图像、列或包含列的表达式。请勿使用包含聚合函数的表达式 start 是整数或可以隐式转换为 int 的表达式，指定子字符串的开始位置 Length 是整数或可以隐式转换为 int 的表达式，指定子字符串的长度
ALIAS	通过使用 SQL，可以为列名称指定别名（Alias） Alias 语法：SELECT column_name（AS）alias_name；FROM table_name 表达式中 as 可以省略
HAVING	在 SQL 中增加 HAVING 子句的原因是，WHERE 关键字无法与合计函数一起使用。 SQL HAVING 语法：SELECT column_name，aggregate_function（column_name）；FROM table_name；WHERE column_name operator value；GROUP BY column_name；HAVING aggregate_function（column_name）operator value

操作步骤

在 tbl_metro_sptcexit_20150518（公交卡出站明细表：ticket_type 车票类型、entrance_station_id 上次使用车站、exit_station_id 当前车站、trans_type 交易类型、deal_time 交易时间、equjip_id 设备号、amount 交易金额）中：

步骤 1　查询使用次数

查询宝山路全站 5 月 18 日每台出站设备的公交卡（不含计时计次卡和计时计费卡）的使用次数（宝山路车站编号：0324，0411；计时计次卡和计时计费卡车票类型：61，62，63，64，65；出站交易类型：37，65）。

语句：

select count（*），equip_id from tbl_metro_sptcexit_20150518；

where ticket_type not in（61，62，63，64，65）；

and exit_station_id in（'0324''0411'）；

and trans_type in（37，65）；

group by equip_id。

注意：出站站点的限制、车票类型的限制（in、not in 或其他）、group by 的使用。

步骤2 查询出站次数

查询5月18日3号线宝山路G011每小时的公交卡（不包括"计时计次卡"和"计时计费卡"）的出站次数，时间按降序排序（出站交易类型：37，65）。

语句：

select count（*）times，substr（deal_time，9，2）

from tbl_metro_sptcexit_20150518

where ticket_type not in（61，62，63，64，65）

and equip_id＝'0324021011'

group by substr（deal_time，9，2）

order by substr（deal_time，9，2）desc

注意：按小时统计（substr 的使用）、卡类型的限制、group by 的使用、检票机号的限制、order by 的使用、desc 的使用。

步骤3 查询特定出站时间段以及次数并分组

查询5月18日漕河泾开发区站早高峰（7：00—9：00）所有1 min公交卡出站次数超过15次的时间段以及次数，并将时间段的列名起名为shijian，次数取名为cishu，按设备号、时间段依次分组（漕河泾站点号：0931；出站交易类型：37，65；车站版本：920）。

语句：

select equip_id，substr（deal_time，9，4）shijian，count（*）cishu

from TBL_METRO_sptcexit_20150518

where trans_type in（37，65）

and（deal_time between '20150518070000'

and '20150518090000'）and exit_station_id in（'0931'）

group by equip_id，substr（deal_time，9，4）

having count（*）＞15

注意：为列起别名、两个字段group by 的使用、having 的使用、substr 的使用、between 的使用、in 的使用。

数据库操作（三）

操作准备

1. 服务器及操作终端 1 台。
2. 数据库环境 1 套。
3. 新增 SQL 语法见表 3—5。

表 3—5　　　　　数据库操作（三）新增 SQL 语法

语法	作用
CREATE TABLE	CREATE TABLE 语句用于创建数据库中的表 CREATE TABLE 语法：CREATE TABLE 表名称（column_name data_type，column_name data_type，column_name data_type）
NOT NULL（非空）约束	NOT NULL 约束强制列不接受 NULL 值 NOT NULL 约束强制字段始终包含值。这意味着，如果不向字段添加值，就无法插入新记录或者更新记录 在指定的表空间中创建表 NOT NULL 语法：create table table_name（column_name…）tablespace tablespace_name
INSERT INTO	INSERT INTO 语句用于向表格中插入新的行 INSERT INTO 语法：向所有列中插入数据 INSERT INTO 表名称 VALUES（值1，值2，…） 我们也可以指定所要插入数据的列：INSERT INTO table_name（列1，列2，…）VALUES（值1，值2，…）
DELETE	DELETE 语句用于删除表中的行 DELETE 语法：DELETE FROM table_name WHERE column_name = value
UPDATE	UPDATE 语句用于修改表中的数据 UPDATE 语法：UPDATE table_name SET column_name = 新值；WHERE column_name = 某值

操作步骤

在 tbl_metro_sjtexit_20150518（单程票出口明细表：ticket_type 票卡类型、deal_time 交易时间、equjip_id 设备号）

步骤1　创建设备号表 tbl_equp_id_tmp［equip_id char（10）不可为空］表空间 TBL_ODFLUX_DATA

语句：

create tabletbl_equip_id_tmp

（EQUIP_ID CHAR（10）not null）

tablespace TBL_ODFLUX_DATA

注意：create 语句的使用、指定字段为非空、表空间指定。

步骤 2　将 tbl_metro_sjtexit_20150518 日单程票使用的出站设备插入 tbl_equp_id_tmp 表中（车票类型：单程票 100，101；交易类型：出站交易 36）

语句：

insert intotbl_equip_id_tmp

select distinct equip_id fromtbl_metro_tick_20150518

where ticket_type in（100，101）and trans_type = 36

注意：insert 语句的使用、distinct 的使用、指定车票类型（in 的使用）、指定交易类型（出站交易）。

步骤 3　查询每个车站每种设备类型的数量，按车站、设备类型依次分组统计

语句：

select substr（equip_id，1，4），substr（equip_id，5，3），count（*）

from tbl_equip_id_tmp

group bysubstr（equip_id，1，4），substr（equip_id，5，3）

注意：按车站、设备类型分类（substr 或者其他语句）、数量统计 count 的使用、两个字段的 group by 的使用。

步骤 4　删除设备号 0111021001

语句：

delete from tbl_equip_id_tmp

Where equip_id = 0111021001

注意：delete 语句的使用。

步骤 5　将设备号 0245021002 改为 0111021001

语句：

update tbl_equip_id_tmp

Set equip_id = 0111021001

Where equip_id = 0245021002

注意：update 语句的使用。

数据库操作（四）

操作准备

1. 服务器及操作终端 1 台。
2. 数据库环境 1 套。
3. 新增 SQL 语法见表 3—6。

表 3—6　　　　　数据库操作（四）新增 SQL 语法

语法	作　用
SUM	SUM 函数返回数值列的总数（总额） SUM 语法：SELECT SUM（column_name）FROM table_name
嵌套查询	嵌套查询是指在一个外层查询中包含有另一个内层查询，其中外层查询称为主查询，内层查询称为子查询。SQL 允许多层嵌套，由内而外地进行分析，子查询的结果作为主查询的查询条件。子查询中一般不使用 order by 子句，只能对最终查询结果进行排序 语法： SELECT ＜目标表达式 1＞ ［，…］ FROM ＜表名 1＞ WHERE ［表达式］（SELECT ＜目标表达式 2＞ ［，…］ FROM ＜表名 2＞） ［GROUP BY ＜分组条件＞ HAVING ［＜表达式＞比较运算符］（SELECT ＜目标表达式 2＞ ［，…］ FROM ＜表或视图名 2＞）］
UNION 操作符	UNION 操作符用于合并两个或多个 SELECT 语句的结果集 请注意，UNION 内部的 SELECT 语句必须拥有相同数量的列，列也必须拥有相似的数据类型，同时，每条 SELECT 语句中的列的顺序必须相同 SQL UNION 语法： SELECT column_name（s）FROM table_name1 UNION SELECT column_name（s）FROM table_name2 注释：默认地，UNION 操作符选取不同的值。如果允许重复的值，请使用 UNION ALL SQL UNION ALL 语法： SELECT column_name（s）FROM table_name1 UNION ALL SELECT column_name（s）FROM table_name2 另外，UNION 结果集中的列名总是等于 UNION 中第一个 SELECT 语句中的列名

操作步骤

在 tbl_metro_sjtexit_20150518（单程票出站明细表：ticket_type 车票类型、entrance_station_id 上次使用车站、exit_station_id 当前车站、trans_type 交易类型、deal_time 交易时间、equjip_id 设备号、amount 交易金额）、tbl_metro_sjtsell_20150518（单程票售票明细表：字段同上表）、tbl_metro_sjtenter_20150518（单程票进站明细表：字段同上表）、tbl_metro_metro_sptcexit_20150518（公交卡出站明细表：字段同上表）、tbl_metro_metro_sptcenter_20150518（公交卡进站站明细表，字段同上表）中：

步骤 1 查询金额总数

查询 5 月 18 日 1 号线人民广场站 V06 全天发售的 4 元单程票的金额总数（单位：元）（1 号线人民广场站：0123，数据库中金额单位：分）。

语句：

select sum（amount）/100

from tbl_metro_sjtsell_20150518

where equip_id ＝'0123019006'

and ticket_type in（100，101）

and amount ＝400

注意：sum 函数的使用、where 的使用、单位转换为"元"（除以 100）、指定设备。

步骤 2 查询卡号、进站交易时间和卡类型

查询 5 月 18 日下午 16：45—17：00 在 3 号线东宝兴路站 G117 进站（非双向检票机）的卡号，进站交易时间和卡类型并按时间降序排序（东宝兴路站点号：0325；票卡类型：单程票 100，101）

语句：

select ＊

from［select cardid，deal_time，ticket_type

from tbl_metro_sjtenter_20150518

where equip_id ＝'0325026117'

and（deal_time between 20150518164500 and 20150518170000）

and ticket_type in（100，101）

union all

select cardid，deal_time，ticket_type

from tbl_metro_sptcenter_20150518

where equip_id＝'0325026117'

and （deal_time between 20150518164500 and 20150518170000）］

order by deal_time desc

注意：降序排列（desc）、时间条件（between）、order by 的使用、两表关联（union）。

步骤3 查询出站笔数

查询5月18日08：20—08：30在1号线漕河泾开发区车站G013进站的公交卡的出站笔数，显示车站编号，次数，按车站编号排序（漕河泾站点号：0931；出站交易类型：37，65）。

语句：

select exit_station_id，count（*）times

from tbl_metro_sptcexit_20150518

where cardid in

［select cardid

from tbl_metro_sptcenter_20150518

where equip_id＝'0931026013'

and （deal_time between 20150518082000 and 20150518083000）］

and entrance_station_id＝0931

and substr（equip_id，1，2）＝'01'

and trans_type in（37，65）

group by exit_station_id

注意：设备条件、嵌套查询、时间条件（between 的使用）、进站站点条件、group by 的使用、出站线路的条件。

数据库操作（五）

操作准备

1．服务器及操作终端1台。

2．数据库环境1套。

3. 新增 SQL 语法见表 3—7。

表 3—7　　　　　　　数据库操作（五）新增 SQL 语法

语法	作　用
AVG	AVG 函数返回数值列的平均值，NULL 值不包括在计算中 AVG 语法：SELECT AVG（column_name）FROM table_name
MIN	MIN 函数返回一列中的最小值，NULL 值不包括在计算中 MIN 语法：SELECT MIN（column_name）FROM table_name
ROUND	ROUND 函数用于把数值字段舍入为指定的小数位数 ROUND 语法：SELECT ROUND（column_name，decimals）FROM table_name

操作步骤

在 tbl_metro_sjtexit_20150518（单程票出站明细表：ticket_type 车票类型、entrance_station_id 上次使用车站、exit_station_id 当前车站、trans_type 交易类型、deal_time 交易时间、equjip_id 设备号、amount 交易金额、transnumber 流水号）、tbl_metro_metro_sptcexit_20150518（公交卡出站明细表：ticket_type 车票类型、entrance_station_id 上次使用车站、exit_station_id 当前车站、trans_type 交易类型、deal_time 交易时间、equjip_id 设备号、amount 交易金额）。

步骤 1　查询金额及笔数

查询 5 月 18 日 3 号线长江南路站全天每台出站检票机（不包括双向检票机）的公交卡消费总金额、平均金额（单位：元，取整数）及笔数（长江南路站点号：0331；数据库中金额单位：分；出站交易类型 37，65）。

语句：

select equip＿id，round［sum（amount）/100］，round［avg（amount）/100］，count（*）from tbl_metro_sptcexit_20150518

where equip_id like'0331021％'and trans_type in（37，65）

group by equip_id

注意：sum 函数的使用、avg 函数使用、round 使用、设备号的条件（like）、group by 的使用。

步骤 2　查询卡号及使用记录

查询 5 月 18 日 3 号线长江南路站 G11 单程票出站交易（非双向检票机）流水号最

小的那笔交易记录的卡号、当天的使用记录（卡号、交易时间、设备号、交易类型），并按时间进行排序（trans_type 正常交易小于1000）。

语句：

select cardid, deal_time, equip_id, trans_type from

｛select cardid, deal_time, equip_id, trans_type

from tbl_metro_sjtexit_20150518 where cardid in

［select cardid from tbl_metro_sjtexit_20150518

where equip_id = '0331021015'

and transnumber = select min（transnumber）

from tbl_metro_sjtexit_20150518

where equip_id = '0331021015' and ticket_type in（100，101）］｝

union all

select cardid, deal_time, equip_id, trans_type

from tbl_metro_sjtsell_20150518 where cardid in

｛select cardid from tbl_metro_sjtexit_20150518

where equip_id = '0331021015' and transnumber =

［select min（transnumber）from tbl_metro_sjtexit_20150518

where equip_id = '0331021015' and ticket_type in（100，101）］｝

union all

select cardid, deal_time, equip_id, trans_type

from tbl_metro_sjtenter_20150518 where cardid in

｛select cardid from tbl_metro_sjtexit_20150518

where equip_id = '0331021015'

and transnumber = ［select min（transnumber）

from tbl_metro_sjtexit_20150518

where equip_id = '0331021015' and ticket_type in（100，101）］｝

order by deal_time

注意：min 函数的使用、嵌套查询、where 的使用、order by 的使用、多表 union 的使用。

步骤3 查询通过的人数及卡的张数

查询5月18日2号线静安寺站双向检票机 G52 早上7：00—8：00 所通过的人数

"rs"及卡的张数"zs"（静安寺站点号0243）。

语句：

select count（*）zs，sum（times）rs from

［select cardid，count（*）times from tbl_metro_tick_20150518

where equip_id ='0243027052'

and（deal_time between 20150518070000 and 20150518080000）

group by cardid

union all

select cardid，count（*）times from tbl_metro_card_20150518

where equip_id ='02430270527'

and（deal_time between 20150518070000 and 20150518080000）

group by cardid］

注意：union all 的使用、时间条件（between 的使用）、设备号条件、group by 的使用。

思 考 题

1. 阐述线路中央系统启动与关闭操作步骤。
2. 阐述数据维护的方法。

操作技能考核模拟试卷

注 意 事 项

1. 考生根据操作技能考核通知单所列的试题，做好考试准备。
2. 请考生仔细阅读试题单中具体考核内容和要求，并按要求完成操作。
3. 操作技能考核时要遵守考场纪律，服从考场管理人员指挥，以保证考核安全顺利进行。

注：操作技能鉴定试题评分表及答案是考评员对考生考核过程及考核结果的评分记录表，也是评分依据。

国家职业资格鉴定
城轨自动售检票检修工（二级）操作技能考核通知单

姓名：

准考证号：

考核日期：

试题 1

试题代码：1.4.4。

试题名称：设计连接两路三相输入电源切换电路。

考核时间：60 min。

配分：100 分。

试题 2

试题代码：2.3.3。

试题名称：配置简单的局域网。

操作技能考核模拟试卷

考核时间：30 min。

配分：100 分。

试题 3

试题代码：3.1.3。

试题名称：查询指定日指定设备进站人数。

考核时间：30 min。

配分：100 分。

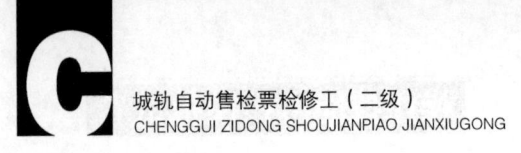

城轨自动售检票检修工（二级）
CHENGGUI ZIDONG SHOUJIANPIAO JIANXIUGONG

城轨自动售检票检修工（二级）操作技能鉴定试题单

试题代码：1.4.4。

试题名称：设计连接两路三相输入电源切换电路。

考核时间：60 min。

1. 操作条件

(1) 安全型继电器 JWJXC-480 2只。

(2) 错（断）相保护器 XJ10 380V 2只。

(3) 按钮 LA39-11/y 2只。

(4) 断路器 SF3-G3-30 2只。

(5) 指示灯 AD16-22B/r31 2只。

(6) 指示灯 AD16-22B/y31 2只。

(7) 指示灯 AD16-22B/g31 2只。

(8) 交流接触器 LC1 D5011 2只。

(9) 接线端子 AZ1-3020 1根。

(10) 导线若干。

(11) 24 V 直流电源 1 路。

2. 操作内容

(1) 准备工作。

(2) 设计电路原理图，选用元器件，按图搭接电路。

(3) 输出三相电源。

(4) 两路三相电源能自动及手动转换。

(5) 灯的显示。

(6) 分析报告。

3. 操作要求

(1) 设计电路原理图，选用合适元器件，按图搭接电路。

(2) 正确连接三相输入转换电路，输出三相电源；两路三相电源能自动及手动转换，输出三相电源；手动时按 1TA 转换至Ⅰ路，按 2TA 转换至Ⅱ路；错相、断相时自动转换。

（3）红灯有电时常亮，黄灯工作时亮，白灯断相和错相时暗。

（4）所有操作要求符合规程，操作应采取正确的步骤、方法。

（5）严禁违规操作，以防止造成设备、人员损伤。

（6）操作完毕后，设备工具应复位，并做好清洁工作。

城轨自动售检票检修工（二级）操作技能鉴定试题评分表

考生姓名：　　　　　　准考证号：

试题代码及名称		1.4.4 设计连接两路三相输入电源切换电路		考核时间：60 min					
评价要素	配分	等级	评分细则	评定等级					得分
				A	B	C	D	E	
1　准备工作	10	A	正确						
		B	缺一项						
		D	缺一项以上						
		E	未操作						
2　设计电路原理图	25	A	正确						
		B	—						
		C	表示灯电路不正确						
		D	控制电路不正确						
		E	未操作						
3　输出三相电源	15	A	正确						
		B	—						
		C	输出缺相						
		D	无输出						
		E	未操作						
4　两路三相电源能自动及手动转换	15	A	正确						
		B	—						
		C	转换功能错一项						
		D	转换功能错一项以上						
		E	未操作						
5　灯的显示	5	A	正确						
		B	缺一项						
		C	缺两项						
		D	缺两项以上						
		E	未操作						

续表

评价要素		配分	等级	评分细则	评定等级					得分
					A	B	C	D	E	
6	分析报告	30	A	正确						
			B	—						
			C	—						
			D	不正确						
			E	未操作						
合计配分		100		合计得分						

考评员（签名）：

等级	A（优）	B（良）	C（及格）	D（较差）	E（未答题）
比值	1.0	0.8	0.6	0.2	0

注："评价要素"得分＝配分×等级比值。

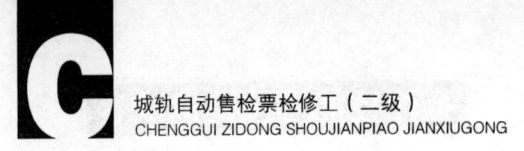

城轨自动售检票检修工（二级）操作技能鉴定答题卷

试题代码：1.4.4。

试题名称：设计连接两路三相输入电源切换电路。

考核时间：60 min。

考生姓名：　　　　　　　　准考证号：

1. 请针对连接两路三相输入电源切换电路，写出需要准备哪些材料。

2. 请设计电路原理图。

3. 请写出工作原理，绘制各点波形。

4. 对设计连接两路三相输入电源切换电路的操作，写出分析报告。

城轨自动售检票检修工（二级）操作技能鉴定试题单

试题代码：2.3.3。

试题名称：配置简单的局域网。

考核时间：30 min。

1. 操作条件

（1）计算机测试平台 1 套。

（2）常用工具 1 套。

2. 环境介绍

计算机 A 的 IP 地址为 192.168.100.1/24，现在计算机 A 需要与服务器 B 通信，而服务器 B 的 IP 地址为 172.16.100.1/24。现已知只有 10.20.100.1/24（且都无人使用）可以通过 10.20.100.254/24 访问服务器 B，且 192.168.100.1/24 与 10.20.100.1/24 属于同一个 VLAN。

3. 操作内容

请实现计算机 A 对服务器 B 的访问。

（1）简单的局域网配置。

（2）分析报告。

4. 操作要求

（1）所有操作要求符合规程，操作应采取正确的步骤、方法。

（2）严禁违规操作，以防止造成设备、人员损伤。

（3）操作完毕后，设备工具应复位，并做好清洁工作。

城轨自动售检票检修工（二级）操作技能鉴定试题评分表

考生姓名：　　　　　　准考证号：

试题代码及名称		2.3.3 配置简单的局域网		考核时间：30 min					
评价要素	配分	等级	评分细则	评定等级					得分
				A	B	C	D	E	
1　配置简单的局域网	70	A	正确完成局域网配置						
		B	成功添加IP，但没有添加路由						
		C	IP添加错误						
		D	无从下手						
		E	未操作						
2　分析报告	30	A	正确						
		B	—						
		C	—						
		D	不正确						
		E	未操作						
合计配分	100		合计得分						

考评员（签名）：

等级	A（优）	B（良）	C（及格）	D（较差）	E（未答题）
比值	1.0	0.8	0.6	0.2	0

注："评价要素"得分＝配分×等级比值。

城轨自动售检票检修工（二级）操作技能鉴定答题卷

试题代码：2.3.3。

试题名称：配置简单的局域网。

考核时间：30 min。

考生姓名：　　　　　　准考证号：

1. 请写出简单的局域网配置所需的材料和设备清单。

2. 进行简单的局域网配置的操作，写出每一步操作的含义。

3. 对简单的局域网配置进行分析，写出分析报告。

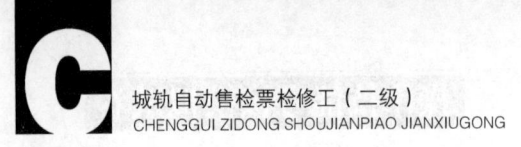

城轨自动售检票检修工（二级）操作技能鉴定试题单

试题代码：3.1.3。

试题名称：查询指定日指定设备进站人数。

考核时间：30 min。

1. 操作条件

(1) 中央计算机测试平台 1 套。

(2) 常用工具 1 套。

2. 操作内容

(1) Windows 操作。

(2) 进入 Unix 操作平台。

(3) 登录中央主机。

(4) 进入 SYBASE 数据库。

(5) 查询操作。

(6) 分析报告。

3. 操作要求

(1) 所有操作要求符合规程，操作应采取正确的步骤、方法。

(2) 严禁违规操作，以防止造成设备、人员损伤。

(3) 操作完毕后，设备工具应复位，并做好清洁工作。

城轨自动售检票检修工（二级）操作技能鉴定试题评分表

考生姓名：　　　　　　　　准考证号：

试题代码及名称		3.1.3 查询指定日指定设备进站人数			考核时间：30 min					
评价要素	配分	等级	评分细则		评定等级					得分
					A	B	C	D	E	
1	Windows 操作	10	A	正确						
			B	缺一项						
			C	—						
			D	缺一项以上						
			E	未操作						
2	进入 Unix 操作平台	10	A	正确						
			B	缺一项						
			C	—						
			D	缺一项以上						
			E	未操作						
3	登录中央主机	10	A	正确						
			B	缺一项						
			C	—						
			D	缺一项以上						
			E	未操作						
4	进入 SYBASE 数据库	20	A	正确						
			B	缺一项						
			C	缺两项						
			D	缺两项以上						
			E	未操作						
5	查询操作	20	A	正确						
			B	缺一项						
			C	缺两项						
			D	缺两项以上						
			E	未操作						

续表

评价要素		配分	等级	评分细则	评定等级					得分
					A	B	C	D	E	
6	分析报告	30	A	正确						
			B	—						
			C	—						
			D	不正确						
			E	未操作						
合计配分		100		合计得分						

考评员（签名）：

等级	A（优）	B（良）	C（及格）	D（较差）	E（未答题）
比值	1.0	0.8	0.6	0.2	0

注："评价要素"得分 = 配分 × 等级比值。

城轨自动售检票检修工（二级）操作技能鉴定答题卷

试题代码：3.1.3。

试题名称：查询指定日指定设备进站人数。

考核时间：30 min。

考生姓名：　　　　　　　　准考证号：

1. 请写出查询指定日指定设备进站人数的意义。

2. 请进行登录中央主机及进入 SYBASE 数据库的操作，写出每一步操作的含义。

3. 请进行查询指定日指定设备进站人数的操作，记录查询内容，并写出分析报告。